| 3판 1쇄 발행 | 2025년 6월 30일 |

글쓴이 이여니
그린이 최보윤

펴낸이 이경민
펴낸곳 ㈜동아엠앤비
출판등록 2014년 3월 28일(제25100-2014-000025호)
주소 (03972) 서울특별시 마포구 월드컵북로22길 21, 2층
전화 (편집) 02-392-6901 (마케팅) 02-392-6900
팩스 02-392-6902
홈페이지 www.moongchibooks.com
전자우편 damnb0401@naver.com
SNS

ISBN 979-11-6363-963-3 (73400)

※ 책 가격은 뒤표지에 있습니다.
※ 잘못된 책은 구입한 곳에서 바꿔 드립니다.
※ 이 책에 실린 사진은 위키피디아, 셔터스톡에서 제공받았습니다.

도서출판 뭉치는 ㈜동아엠앤비의 어린이 출판 브랜드로, 아이들의 지식을 단단하게 만들어 주고, 아이들의 창의력과 사고력을 키워 주어 우리 자녀들이 융합형 사고뭉치와 창의뭉치로 성장할 수 있도록 좋은 책을 만들겠습니다.

펴내는 글

가족의 진정한 의미란?
다문화를 받아들이는 태도는 어떠해야 할까?

　선생님의 질문에 교실은 일순간 조용해지기 시작합니다. 인내심이 한계에 다다른 선생님께서 콕 집어 누군가의 이름을 부르는 순간 내가 걸리지 않았다는 안도감에 금세 평온을 되찾지요. 많은 사람 앞에서 어떻게 말을 해야 할까 고민 한번 해 보지 않은 사람은 없을 겁니다.
　사람들 앞에서 자신의 생각을 조리 있게 전달하는 기술은 국어 수업 시간에만 필요한 것이 아닙니다. 학교 교실뿐만 아니라 상급 학교 면접 자리 또는 성인이 된 후 회의에서도 자신의 의견을 분명히 표현할 수 있어야 합니다. 하지만 어디서부터 시작해야 할지 몰라 입을 떼는 일이 쉽지 않습니다. 혀끝에서 맴돌다 삼켜 버리는 일도 종종 있습니다. 얼떨결에 한마디 말을 하게 되더라도 뭔가 부족한 설명에 왠지 아쉬움이 들 때도 많습니다.
　논리적 사고 과정과 순발력까지 필요로 하는 토론장에서 자신만의 목소리를 내려면 풍부한 배경지식은 기본입니다. 게다가 고학년으로 올라가서 배우는 수업과 진학 시험에서의 논술은 교과서 속의 내용만을 요구하지 않습니다. 또한 상대의 의견을 받아들이거나 비판하기 위해서도 의견의 타당성과 높은 수준의 가치 판단을 해야 하는 경우가 많은데, 자신의 입장을 분명히 하기 위해선 풍부한 자료와 논거가 필요합니다.
　토론왕 시리즈는 사회에서 일어나는 다양한 사건과 시사 상식 그리고 해마다 반복

되는 화젯거리 등을 초등학교 수준에서 학습하고 자신의 말로 표현할 수 있도록 기획되었습니다. 체계적이고 널리 인정받은 여러 콘텐츠를 수집해 정리하였고, 전문 작가들이 학생들의 발달 상황에 맞게 스토리를 구성하였습니다. 개별적으로 만들어진 교과서에서는 접할 수 없는 구성으로 주제와 내용을 엮어 어린 독자들이 과학적 사고뿐만 아니라 문제 해결력, 비판적 사고력을 두루 경험할 수 있도록 하였습니다. 폭넓은 정보를 서로 연결 지어 설명함으로써 교과별로 조각나 있는 지식을 엮어 배경지식을 보다 탄탄하게 만들어 줍니다. 뿐만 아니라 국어를 기본으로 과학에서부터 역사, 지리, 사회, 예술에 이르기까지 상식과 사회에 대한 감각을 익히고 세상을 올바르게 바라보는 눈도 갖게 할 것입니다.

『함께라서 좋아! 우리는 가족』은 수의 가족이 대대로 물려받았던 낡은 옷장에서 한복 차림의 소월이가 나타나면서 이야기가 시작됩니다. 수와 소월이는 이 신비스러운 옷장을 통해 과거, 가상 세계, 현재를 오가면서 가족의 역사, 가족의 다양한 형태, 촌수와 호칭, 가족의 진정한 의미에 관해 배우게 됩니다. 이 책을 읽은 어린이 독자들이 가족에 대해 정확한 정보를 얻고 관련 주제의 토론에서 자신있게 말할 수 있다면 더없이 소중한 시간이 될 것입니다.

편집부

차례

펴내는 글·4
낡은 옷장의 비밀·8

1장 가족은 어떻게 생겨났을까?·11

가족의 탄생
신랑 얼굴도 모른다고?
토론왕 되기! 일부다처제 vs 일부일처제

2장 우리 가족 다 모여라!·35

어린이날은 선물 받는 날?
왜 5월일까?
온 가족이 모이는 날
토론왕 되기! 어린이날, 어떻게 보내야 할까?

3장 가족의 모습도 가지각색·53

좀 다르면 어때!
우리 가족은 몇 명?
토론왕 되기! 용광로 이론 vs 샐러드볼 이론

4장 뭐라고 불러야 하지? · 71

꼬맹이 삼촌

헷갈리는 높임말

토론왕 되기! 족보가 필요 없는 사회?

5장 가족의 의미를 찾아서 · 93

가족이 왜 필요할까?

완전한 가족이란 게 있을까?

토론왕 되기! 백설 공주를 통해서 본 가족 이야기

에필로그 · 109

가정 관련 사이트 · 112

어려운 용어를 파헤치자! · 113

신나는 토론을 위한 맞춤 가이드 · 116

낡은 옷장의 비밀

응? 엄마, 그 옷장 뭐야? 완전 고물이네?

오늘부터 이 옷장 주인은 우리 딸이야.

어때, 닦아 놓으니까 번쩍, 번쩍 윤이 나지?

뭐, 뭐지······.

살짝쿵 닮은 저 귀퉁이

오른쪽 문만 사용한듯한 손잡이

1장 가족은 어떻게 생겨났을까?

가족의 탄생

갑자기 옷장 문을 열고 한 꼬마가 나타났어요. 수는 깜짝 놀라 심장이 멎는 줄 알았지요. 꼬마도 깜짝 놀라 엉덩방아를 찧었어요.
"누, 누구?"
수와 꼬마는 동시에 말을 했어요.
"내, 내 옷장……, 그러니까 내 말은, 음, 내 이름은 수야. 그런데 넌 누구니?"
수는 횡설수설하며 자기 볼을 꼬집었어요.
"난 소월이야. 혼례를 치르기 싫어서 장 속으로 들어가 숨었는데……."
소월이는 겁을 먹었는지 울먹거렸어요. 수는 소월이를 위아래로 훑어보았어요. 머리를 곱게 땋아 내린 것이 꼭 꼬마 춘향이 같았어요. 소월이도 수의 짧은 머리와 옷차림이 신기한지 살짝살짝 곁눈질을 했어요.

"너 몇 살이니?"

수는 소월이 곁으로 가 앉으며 물었어요.

"열 살."

"나보다 어린데 벌써 결혼을 한단 말이야?"

"으응?"

소월이는 조금 전까지 훌쩍거리더니 수의 말을 들은 척 만 척 방의 풍경이 신기한지 연신 고개를 두리번거렸어요.

"그런데 여기는 어디야?"

"내 방이지, 어디긴."

"우아, 죄다 처음 보는 것들이네. 신기하다."

"뭐, 이런 걸 다 처음 본다고? 조선 시대 사람도 아니고……."

그러다 수의 머릿속으로 이상한 생각이 스쳐 지나갔어요.

"너 혹시……."

그때 소월이가 다리를 비비 꼬면서 울상을 지었어요.

"여기 뒷간이 어디야? 나 급해."

"뒷간? 아, 화장실?"

수는 어이가 없다는 표정을 지으며 손가락으로 방문을 가리켰어요.

"나가면 바로 왼쪽에 있어. 나랑 같이……."

소월이는 수의 말을 들은 채 만 채 후다닥 방을 뛰쳐나갔어요. 그런데 아뿔싸! 소월이는 화장실이 아닌 아빠의 서재로 뛰어 들어갔어요.
"야, 거기 아니야. 거긴 안 돼!"
서재 문이 벌컥 열렸어요. 수는 재빨리 손으로 소월이 어깨를 눌러 앉히고는 손가락을 입술에 갖다 댔어요. 쉿!

"수야, 누가 왔니?"

책상 앞에 앉아 있던 아빠가 책에서 눈을 떼지 않은 채 물었어요.

"아, 아니요. 오긴 누가 와요. 저뿐인걸요? 하하."

수가 아빠와 눈이 마주치자 재빠르게 아빠 곁으로 갔어요. 소월이는 책상 아래 가까스로 몸을 숨겼어요. 수는 소월이가 혹여나 아빠 다리와

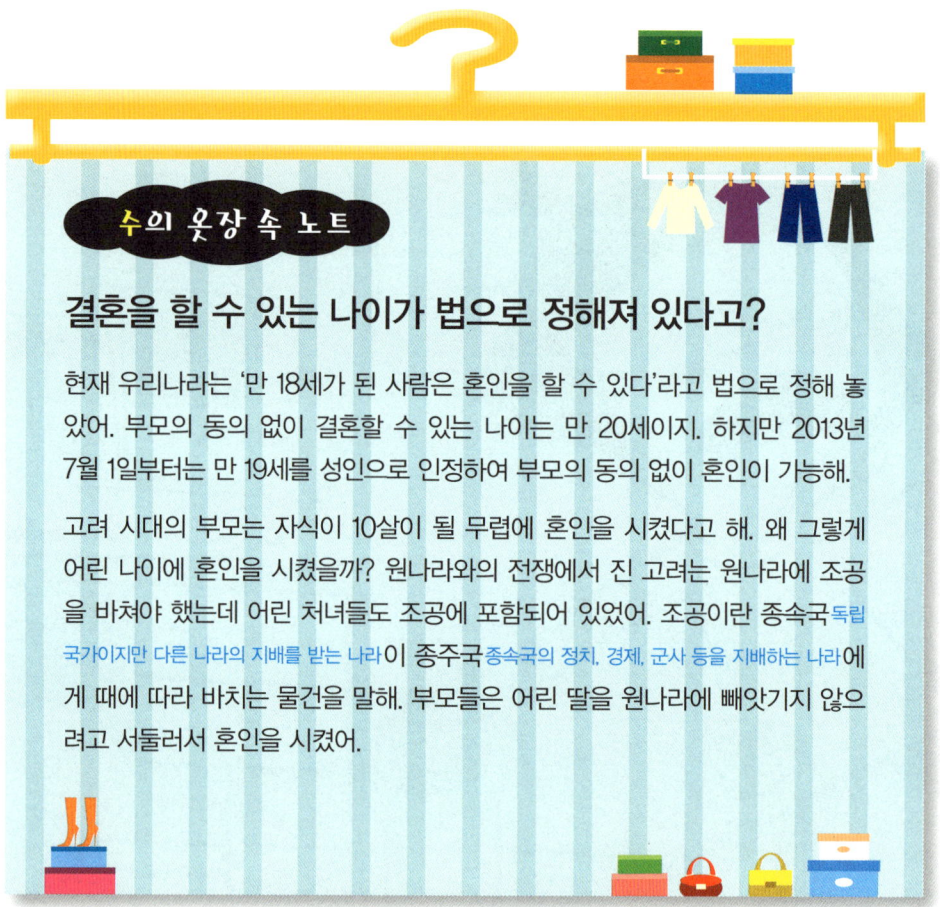

수의 옷장 속 노트

결혼을 할 수 있는 나이가 법으로 정해져 있다고?

현재 우리나라는 '만 18세가 된 사람은 혼인을 할 수 있다'라고 법으로 정해 놓았어. 부모의 동의 없이 결혼할 수 있는 나이는 만 20세이지. 하지만 2013년 7월 1일부터는 만 19세를 성인으로 인정하여 부모의 동의 없이 혼인이 가능해.

고려 시대의 부모는 자식이 10살이 될 무렵에 혼인을 시켰다고 해. 왜 그렇게 어린 나이에 혼인을 시켰을까? 원나라와의 전쟁에서 진 고려는 원나라에 조공을 바쳐야 했는데 어린 처녀들도 조공에 포함되어 있었어. 조공이란 종속국(독립 국가이지만 다른 나라의 지배를 받는 나라)이 종주국(종속국의 정치, 경제, 군사 등을 지배하는 나라)에게 때에 따라 바치는 물건을 말해. 부모들은 어린 딸을 원나라에 빼앗기지 않으려고 서둘러서 혼인을 시켰어.

부딪혀 들키지 않을까 불안해 온 신경이 곤두섰어요.

"뭐하고 계신지 궁금해서 들어왔어요. 진, 진짜예요!"

"하하 녀석. 아빤 내일 수업 준비를 하고 있었지. 우리 딸, 아빠 강의 한번 들어 볼래?"

대학에서 인류학_{인류의 문화, 기원, 특징 등을 연구하는 학문}을 가르치는 아빠는 갑자기 신이 나서 수의 팔을 붙잡았어요. 수는 아차 싶었어요. 아빠는 한번 말하기 시작하면 입에 모터가 달린 듯 한두 시간은 거뜬히 말할 수 있거든요.

"가족이란 게 왜 생겨났는지 아니? 바로 생존⋯⋯."

아빠의 말이 채 끝나기도 전에 무섭게 수가 말했어요.

"가족은 생존을 위한 결합이라는 거죠? 환경에 빨리 적응하고 주변의 다양한 위험으로부터 자신을 보호하기 위해 서로 모여 살기 시작했는데 이것이 바로 '가족'의 시작이었던 거죠!"

수가 막힘없이 대답하자 아빠는 안경을 추켜올리며 놀라는 표정을 지었어요.

"와, 우리 수, 대단한 걸?"

"뭐, 제가 한두 번 들었어야죠. 그럼 이제 그만 가 봐도 될⋯⋯."

"하하, 그럼 오늘은 다른 이야기, 가족의 역사에 대해 알려 줘야겠구나."

역사 속 가족의 모습

가족은 고대 사회부터 현재까지 어떤 모습을 거쳐 왔을까요?
여러 유물과 사진을 통해 가족의 역사를 들여다봅시다.

아프리카에서는 아직까지 부족 사회를 찾아볼 수 있다. 사진은 케냐의 마사이 부족의 모습.

선사 시대
선사 시대에는 서로 힘을 합쳐 식량을 구해야 했기 때문에 무리를 짓고 살았다. 그러다 혈연관계(부모와 자식, 형제와 자매를 기본으로 이루어진 관계)를 중심으로 모인 씨족 사회가 등장했고 2개 이상의 씨족이 모여 부족 사회를 이루었다.

중세 유럽
중세 유럽에서는 군주가 충성의 대가로 영주에게 토지를 제공하면 영주는 농민을 부려 그 땅을 경작하고 세금을 바쳐야 했다(봉건 제도). 이에 농민 가족은 부부와 아이들, 친척들이 한 주거지에서 함께 지내면서 영주의 땅을 부치고 살았다.

산업 혁명 이후
18세기 산업 혁명으로 시골에서 도시로 많은 사람들이 이동하였다. 또한 여성이 일을 하기 시작하면서 가족과 친척 간의 결합이 약해졌고 핵가족 형태의 가족이 증가했다.

메소포타미아 문명

"만일 어떤 남자가 한 아내를 삼고 결혼 계약을 수행하지 않으면 그 여자는 한 남편의 아내가 아니다." (함무라비 법전 제128조)

고대 바빌로니아 제1왕조의 제6대 왕인 함무라비 왕이 제정한 함무라비 법전에는 가족 제도에 관한 세세한 법이 기록되어 있다.

고대 이집트

고대 이집트는 가족을 신성한 결합으로 생각하였다. 일부일처제가 일반적이었으며 여성의 노동이 인정되어 이집트 여성은 궁전이나 사원에서 일하거나 더 높은 지위까지 올라갈 수 있었다.

고대 로마

고대 로마 가족은 집안의 남자 어른이 가족에 대해 절대적인 권력을 가졌다(가부장제). 가장은 가족 구성원의 결혼과 이혼을 결정할 수 있었고 재산을 마음대로 사용할 수 있었다. 심지어 자식의 생명도 좌우할 수 있었다.

21세기 이후

현대 가족의 모습은 친부모와 친자녀 가정, 재혼 가정, 한부모 가정, 조손 가정, 입양 가정 등으로 다양해졌다. 하지만 가족이 각 구성원을 끈끈한 정으로 묶어 서로를 보호하고 사회에서 올바른 역할을 수행할 수 있도록 돕는 울타리라는 사실에는 변함이 없다.

도착!

"흠흠, 목이 타는구나. 그래도 할 말은 해야지."

계속되는 아빠의 강의에 수는 초조해졌어요. 그때 아빠의 휴대 전화 벨소리가 요란하게 울렸어요. 아빠는 발신자 번호를 확인하더니 수에게 말했어요.

"이런, 중요한 전화인 것 같구나. 잠시만."

아빠는 정말 미안한 표정을 지었어요. 수는 아쉬운 표정을 지었지만

속으로는 환호를 질렀어요. 아빠가 정신없이 전화를 받는 사이 수는 소월이를 데리고 재빨리 서재에서 뛰쳐 나왔어요. 얼마나 긴장을 했는지 손에 식은땀이 났어요.

"와아, 언니 아버지께서는 이야기를 참 재미있게 하시는구나. 뒷간 가는 것도 잊어버렸어."

"아빠 강의는 언제든지 들을 수 있으니까 일단 지금은 내 방으로 가자고."

그때 소월이의 배 속에서 꼬르륵 소리가 났어요.

"저……. 나 배고파."

 ## 신랑 얼굴도 모른다고?

수는 부엌으로 가 냉장고에서 케이크를 꺼냈어요. 소월이는 케이크를 보더니 이상하다는 표정을 지었어요.

"이게 뭐야? 약과나 유과 없어?"

"쪼그만 게 벌써부터 편식이야. 그냥 먹어!"

마지못해 케이크를 조금 떼어 먹은 소월이는 눈이 휘둥그레졌어요. 생각보다 훨씬 맛있었거든요. 맛있게 먹는 소월이를 보니 수도 배가 고

파졌어요. 수와 소월이는 케이크를 허겁지겁 먹어 치웠어요.

"하아, 배도 부르고 졸리다."

수는 입가에 생크림을 가득 묻힌 채 하품을 했어요. 소월이는 그런 수를 한심한 듯 쳐다봤어요.

"입을 가리지도 않고 저렇게 하품을……. 어머니가 보셨으면 가족 교육이 엉망이라고 흉 보셨을 거야."

"가족 교육이 뭐니? 가정 교육이지."

"가정이나 가족이나 그게 그거지 뭐! 나 이래봬도 양반집 규수야. 무시하지 마!"

"완전 다르거든? 양반집 규수님, 잘 들어 봐. 가족家族(집 가, 겨레 족)은 할머니, 할아버지, 아빠, 엄마, 언니, 오빠들처럼 혈육으로 이어진 사람들을 말해. 보통 한 집에서 생활을 하는 경우가 많지. 가정家庭(집 가, 뜰 정)은 이 가족이 함께 모여 사는 집이나 그 공동체를 말해. 참고로 가구家口(집 가, 입 구)는 한 집, 두 집처럼 같이 사는 사람들로 이루어진 집단을 세는 단위를 말하는 거고. 이제야 알겠니? 에휴, 아빠 덕분에 내가 별걸 다 안다니까!"

띠띠띠띠.

그때 현관에서 비밀번호를 누르는 소리가 들렸어요.

가구와 세대는 무엇이 다를까?
흔히 1가구 1주택 또는 1세대 1주택이라는 용어를 종종 사용한다. '가구'란 보통 주소상의 분류를 말하고 세대란 주민등록표상의 분류를 말한다. 예를 들어, 독립한 가정의 자녀가 부모와 함께 살 경우 1가구 2세대라고 표현한다.

"엄마다!"

수는 깜짝 놀라 어찌할 바를 모르다가 현관 앞으로 달려갔어요. 소월이는 어느샌가 바람처럼 사라지고 없었지요.

"문 앞에 서서 뭐해?"

시장에 다녀온 엄마가 멀뚱히 서 있는 수를 보고 의아해했어요.

"그냥 엄마 얼굴 보려고. 얼굴 봤으니까 방에 갈게!"

수는 미끄러지듯 방으로 들어갔어요. 소월이는 침대 위에 오도카니

앉아 입을 삐죽 내밀었어요.

"혼례 치르기는 죽어도 싫은데, 어머니랑 언니는 보고 싶다."

소월이의 눈에 눈물이 그렁그렁 맺혔어요. 수는 소월이가 안쓰러웠어요. 소월이를 다시 집으로 돌려보낼 방법이 없을까 생각을 하고 있는데 소월이가 옷장을 보더니 고개를 갸우뚱했어요.

"이 옷장 낯설지가 않은데?"

소월이는 옷장 안을 들여다보았어요. 그 순간 쉭 하는 바람 소리가 들리는가 싶더니 눈 깜짝할 사이에 소월이가 옷장 속으로 빨려 들어갔어요. 얼떨결에 소월이의 손을 잡은 수도 함께 말이에요! 쾅 소리와 함께 옷장 문이 닫혔어요.

"소월아! 거기 있니? 어서 나와 봐."

"아, 언니 목소리다. 언니! 나 여기 있어."

소월이가 문을 열고 뛰쳐나갔어요. 족두리를 쓰고 연지 곤지를 바른 소월이의 언니가 소월이를 안아 주었어요.

"얼마나 찾았는지 알아? 네 얼굴도 못 보고 가는 줄 알았지 뭐야."

수는 옷장 문을 열고 고개를 빼꼼 내밀었어요. 그때 소월이 언니와 눈이 마주쳤어요.

"어머나!"

외마디 비명과 함께 소월이 언니의 얼굴이 하얗게 질렸어요.

"저, 이상한 사람 아니에요. 정말이에요. 소월아, 어서 말해."

소월이는 혹시나 언니가 사람을 부를까 봐 언니의 손을 덥썩 잡으며 지금까지 있었던 일을 이야기했어요. 소월이 언니는 겁을 잔뜩 집어 먹고 수와 멀리 떨어져 앉았어요. 소월이 언니의 표정은 복잡해 보였어요.

"안 그래도 정신없는 날인데 도대체 무슨 일이 일어난 건지……."

수는 소월이 언니가 입은 옷을 보고 소월이에게 물었어요.

"뭐야, 네가 시집가는 거 아니었어?"

"최 참판댁 아들한테 시집간다고 어머니가 그러셨는데? 그런데 왜 언니가 족두리를 썼어?"

소월이가 언니를 바라봤어요.

"우리 소월이가 뭔가 오해한 거 같구나. 넌 아직 시집을 가기엔 너무 어리지 않니. 최 참판댁 아들은 네 형부가 될 분이란다."

소월이 언니의 얼굴이 진달래처럼 붉게 물들었어요. 소월이는 안도의 한숨을 내쉬었어요.

"헤헤, 난 그런지도 모르고……. 그나저나 신랑은, 아니, 형부는 잘생겼어? 어때?"

"아직 얼굴은 몰라. 어르신들이 좋은 배필을 골라 주셨겠지."

소월이 언니의 대답에 수는 깜짝 놀란 표정으로 물었어요.

"뭐라고요? 신랑 얼굴도 몰라요? 그러다 결혼식 날 완전 실망하면 어떡해요!"

"그런 걱정은 하지 않아도 돼. 부모님께서 혼인을 진행하면서 신랑의 외모뿐 아니라 인품과 집안 환경도 함께 보시거든."

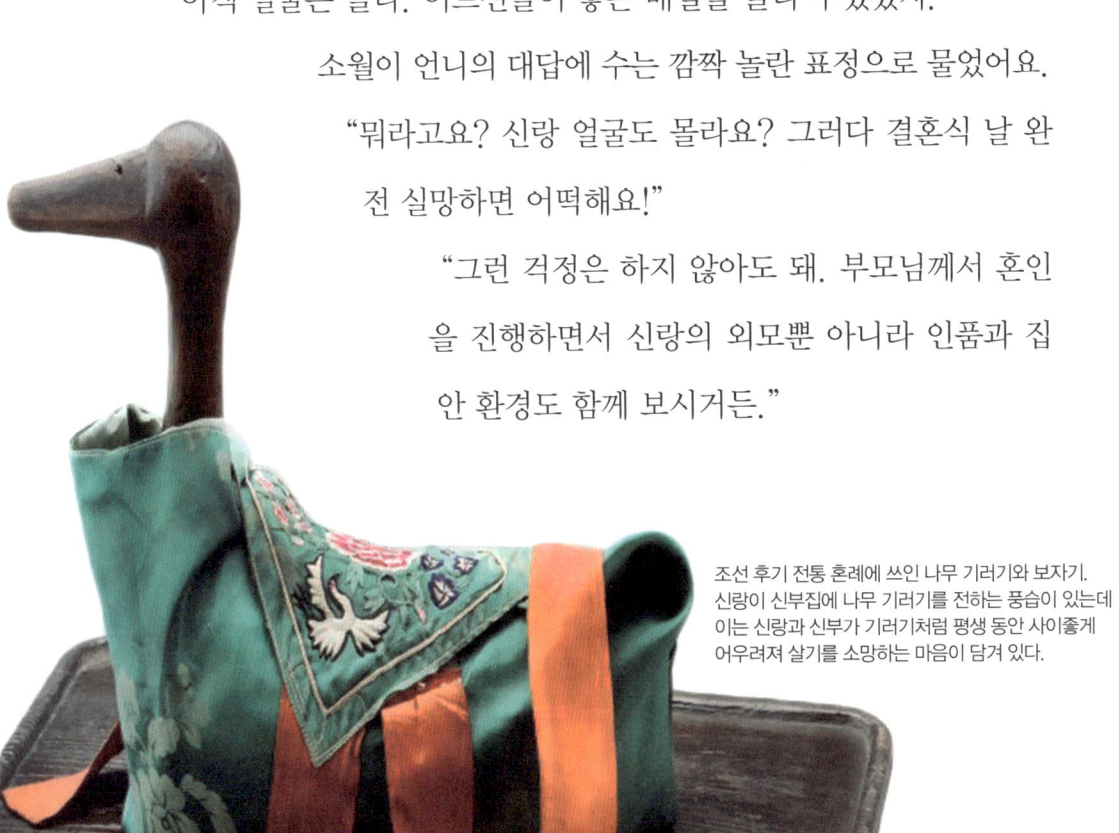

조선 후기 전통 혼례에 쓰인 나무 기러기와 보자기. 신랑이 신부집에 나무 기러기를 전하는 풍습이 있는데 이는 신랑과 신부가 기러기처럼 평생 동안 사이좋게 어우려져 살기를 소망하는 마음이 담겨 있다.

서울 종로구 운현궁에서 전통 혼례식을 치르는 외국인 부부

"그럼 적어도 못난이는 아니겠네요. 히히."

수와 언니의 대화를 듣고 있던 소월이가 옆에 놓인 상자 하나를 열어 보더니 감탄을 했어요.

"와아, 언니 이거 예쁘다. 금비녀랑 금가락지 아니야?"

"그 상자는 함이라는 거야. 최 참판댁에서 보낸 건데 신부에게 주는 선물들과 옷감 그리고 신랑의 약속이 담긴 문서가 들어 있어."

"언니는 좋겠다. 나도 시집갈래!"

소월이는 옷감을 몸에 두르며 칭얼거렸어요. 수는 그런 소월이를 보면서 키득거렸어요.

"우리 막내 이모는 예식장에서 초스피드로 했는데, 헤헤."

수는 이모의 결혼식 이야기를 하려다 소월이 언니가 이상하게 생각할 것 같아 그만두었어요.

그때 밖에서 인기척이 들렸어요. 소월이와 수는 숨을 죽였어요.

"아씨, 신랑이 오고 있답니다. 곧 나오셔야 합니다요."

"조금만 기다려 주게. 아주 조금만."

소월이 언니는 어쩔 줄 몰라 방안을 서성였어요.

"큰일이네. 들키면 어쩌지?"

수는 혹시 하는 생각에 옷장 문을 열어 보았지만 아무 일도 일어나지 않았어요.

"멀뚱히 서 있지 말고 옷장 속으로 들어가 봐!"

소월이는 뒤에서 수를 재촉했어요. 수는 마지못해 옷장 속으로 들어가 앉았어요. 그러자 옷장 속에서 한 줄기 빛이 보이고 삐걱거리는 소리가 들렸어요.

"야호! 이제 집에 돌아갈 수 있겠다. 소월아 그리고……."

수는 소월이에게 또 놀러 오라는 말을 하려고 했지만 방문이 닫혀 버렸어요.

수의 옷장 속 노트

우리나라의 옛 혼인 풍습

우리나라의 고대 국가였던 옥저에는 '민며느리'제라는 풍습이 있었어. 신부가 열 살이 되기 전에 약혼을 하고 열 살이 되면 신랑 집에 데리고 가서 사는 거야. 그리고 어른이 되면 친정집에 잠깐 돌아가지. 신랑의 집에서 신부의 몸값을 보내오면 그때서야 신부는 신랑 집으로 가서 정식으로 혼인을 했대.

옥저와는 반대인 경우도 있었어. 바로 고구려의 '데릴사위제'야. 신랑, 신부가 혼인을 약속하면 신랑이 신부 집 뒤에 서옥이라는 집을 지어서 아이도 낳고 가족을 이루고 살았어. 아이가 다 크면 신부를 데리고 자기 집으로 돌아가서 살았지.

고려 시대에는 헤어지는 것도, 혼인을 다시 하는 것도 자유로웠다고 해. 또한 신랑이 신부 집에 와서 사는 것이 자연스러운 일이었어. 하지만 조선 시대에는 신부가 신랑 집에 가서 사는 것이 보통이었어. 여자는 혼인을 하는 동시에 한 남자만을 섬겨야 함은 물론이고 남편이 먼저 죽더라도 그 집에서 시부모님과 함께 자식을 키우면서 살아야 했어. 그나마 서민들은 다시 혼인을 하는 것이 자유로웠지만 양반들은 나라의 허락을 받아야 했지.

나라별 독특한 결혼 풍습

결혼식을 축하하고 신랑, 신부가 잘 살기를 바라는 마음은 전 세계인 누구나 똑같을 거예요. 하지만 나라마다 문화가 다양한 만큼 각각의 독특한 결혼 풍습과 선물 문화를 가지고 있답니다.

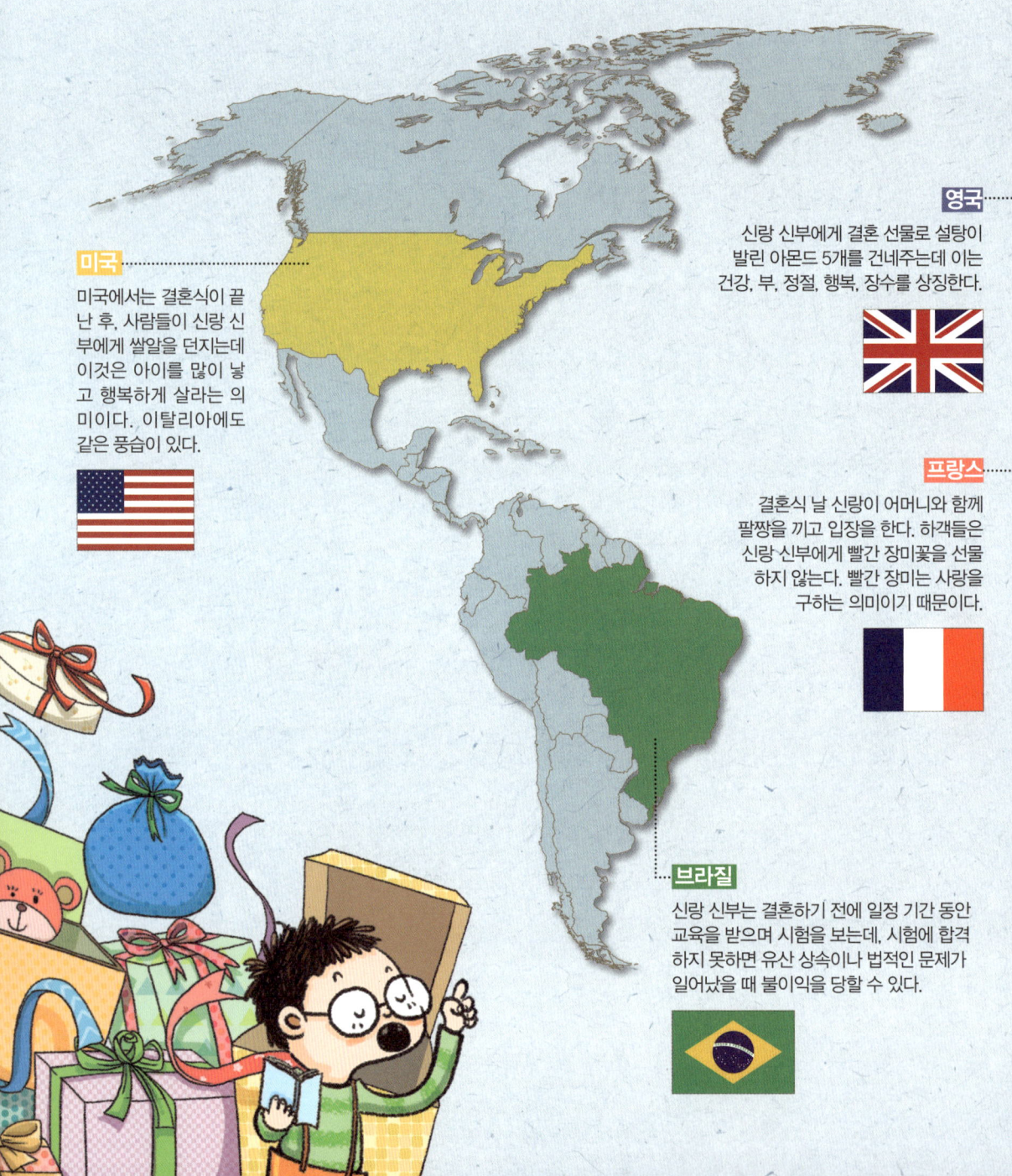

미국
미국에서는 결혼식이 끝난 후, 사람들이 신랑 신부에게 쌀알을 던지는데 이것은 아이를 많이 낳고 행복하게 살라는 의미이다. 이탈리아에도 같은 풍습이 있다.

영국
신랑 신부에게 결혼 선물로 설탕이 발린 아몬드 5개를 건네주는데 이는 건강, 부, 정절, 행복, 장수를 상징한다.

프랑스
결혼식 날 신랑이 어머니와 함께 팔짱을 끼고 입장을 한다. 하객들은 신랑 신부에게 빨간 장미꽃을 선물하지 않는다. 빨간 장미는 사랑을 구하는 의미이기 때문이다.

브라질
신랑 신부는 결혼하기 전에 일정 기간 동안 교육을 받으며 시험을 보는데, 시험에 합격하지 못하면 유산 상속이나 법적인 문제가 일어났을 때 불이익을 당할 수 있다.

독일

하객 축하하러 온 손님 들이 각자의 집에서 오래된 접시를 하나씩 가져와 신혼부부의 집 앞에서 깨뜨린다. 독일에서는 이런 행동이 신혼부부에게 복과 사랑을 가져다 준다고 믿는다.

중국

결혼식을 대개 숫자 '9'가 들어가는 날짜에 하는 경우가 많은데, 이는 9가 중국어로 영원하다는 뜻의 '구(久)'와 발음이 비슷하기 때문이다.

대한민국

신랑의 어머니가 대추와 밤을 여러 개 집어서 신부의 치마에 던져 준다(폐백). 대추는 오래오래 사는 것을 의미하고, 밤은 자식을 많이 낳으라는 뜻이다.

일본

결혼 선물로 유리 소품은 하지 않는다. 깨지기 쉬운 물건은 관계가 깨어질 수 있다는 것을 의미하기 때문이다.

말레이시아

신랑 될 사람은 신부에게 약혼 기간 동안 결혼을 준비할 수 있도록 매달 돈을 보내 주며 신부의 부모에게 감사를 표시한다.

남아프리카공화국

신랑은 신부를 데려올 때 신부 가족에게 돈이나 소, 돼지 가축 등을 지불하여(지참금) 고마움을 표시한다.

일부다처제 vs 일부일처제

일부다처제는 한 명의 남편이 여러 명의 부인을 두는 제도를 말한다. 일부다처제에 비해 한 명의 아내와 여러 남편이 같이 사는 일처다부제는 찾기 쉽지 않다. 대표적인 예가 티베트인데 그곳에서는 여자가 귀해서 형제가 한 여인과 결혼해서 산다. 이런 특수한 예를 제외하고는 대부분의 사회는 일부다처제나 일부일처제를 선택한다.

일부다처제가 허락되는 나라를 두고 많은 사람들이 '일부다처제는 남성 우월주의에서 나온 것이므로 옳지 못하다. 여자를 가볍고 낮게 여기는 제도이다'라며 비판을 한다. 하지만 일부다처제를 인정하는 나라에서는 오히려 이 제도가 여자를 보호하는 것이라고 주장한다. 주로 이슬람 국가에서 일부다처제를 찾아볼 수 있는데, 초기의 이슬람 국가는 계속되는 전쟁으로 성인 남자들이 많이 필요했다. 전쟁터에 나간 남자들은 목숨을 잃는 경우가 많았고 가장이 없는 여자들과 아이들은 정신적, 물질적으로 어려움을 겪어야 했다. 또한 남자들이 귀해지면서 결혼을 할 수 있는 남자들의 수가 매우 부족했다. 이때 해결책으로 나타난 것이 일부다처제였다. 즉, 일부다처제를 통해 어려움을 겪는 여자들을 보살펴 주는 것이 원래의 목적이라고 할 수 있다. 이슬람 교리에서는 남편에게 몇 가지 의무를 지어 주었는데 첫 번째는 '남편은 모든 아내를 공평하게 대하고 차별하지 않는다'이며 둘째는 '재산을 아내들에게 공평하게 나누어 주어야 한다'는 것이다. 이 의무를 어기면 합법적으로 이혼이 가능했다.

일부일처제는 한 명의 남편과 한 명의 아내가 결혼을 해야 한다는 것을 법으로 정해 놓은 것이다. 사실 일부다처제는 일부일처제보다 불행해질 수 있는 가능성이 많다. 말레이시아의 한 여성 운동 단체의 연구 결과를 보면, 여러 명의 부인과 자식들을 둔 남성은 가족 구성원 모두에게 사랑과 경제적 보살핌을 공평하게 나누어 주기가 힘들다고 한다. 당연한 말이겠지만 결핍 있어야 할 것이 없어지거나 모자람을 느끼는 가족 구성원들은 자신이 불행하다고 생각할 수밖에 없다. 하지만 그것보다 더 큰 문제는 대다수의 일부다처제 사회에서는 여성들이 원하지 않는 결혼을 해야 한다는 점이다. 결혼을 결정할 때에는 신랑과 신부 모두의 의견을 존중해야 한다. 어느 한쪽의 의견을 무시하고 진행되는 결혼은 행복으로 이어질 수가 없다. 게다가 대부분의 일부다처 형태의 가족은 남성이 부유한 경우에 많이 나타난다. 이런 성향은 사회 구성원 사이의 불균형을 만들거나 개인의 불만으로 이어질 수 있다.

여성의 지위가 높아지고 사회 활동이 늘어나면서 일처다부제 사회에서도 일처일부제를 주장하는 목소리가 나오고 있다. 하지만 '일처다부제는 나쁘고, 일부일처제는 옳다'라는 단순한 주장을 펼치기보다는 가족 구성원 모두가 행복해질 수 있는 가족의 형태를 고민하고 국가에서도 이를 보호하고 권장해야 할 것이다.

우리나라의 옛 혼인 풍습

소월이가 옛 혼인 풍습에 관해 이야기하고 있어요.
어느 나라의 혼인 풍습인지 알맞게 줄을 그어 봅시다.

1 헤어지는 것도, 혼인을 다시 하는 것도 비교적 자유로웠다고 해.

2 신랑이 신부 집 뒤에 서옥이라는 집을 지어 아이도 낳고 가족을 이루고 살았어. 아이가 다 크면 신부를 데리고 자기 집으로 돌아가서 살았지.

옥저　　고구려　　고려　　조선

3 신부가 열 살이 되면 신랑 집에 데리고 가서 키웠어. 신부가 어른이 된 후 신랑 집에서 몸값을 보내면 정식으로 혼인을 했어.

4 여자는 혼인을 하는 동시에 한 남자만을 섬겨야 함은 물론이고, 남편이 먼저 죽더라도 그 집에서 시부모님과 함께 자식을 키우면서 살아야 했어.

정답
① - 고려, ② - 고구려, ③ - 옥저, ④ - 조선

2장 우리 가족 다 모여라!

어린이날은 선물 받는 날?

며칠이 지나고 수는 자기 방에 걸린 달력을 보고 있었어요.

"다음 주는 내가 제일 좋아하는 어린이날이네? 아빠한테 어떤 선물을 사 달라고 할까? 히히."

수는 달력에 동그라미를 그렸어요. 그때 옷장 속에서 우당탕탕 요란한 소리가 들렸어요.

"아이고 머리야, 소월이 죽겠네!"

옷장에서 나온 소월이를 보고 수는 의자에서 벌떡 일어났어요.

"어머, 깜짝이야! 너 어떻게 온 거야?"

"나도 몰라. 혹시나 해서 옷장에 들어갔더니 여기로 와 버렸네. 헤헤. 우리 언니가 시집가 버려서 엄청 심심했거든."

어린이날을 하루 앞둔 5월 4일의 한 완구 매장. 아이들의 선물을 사기 위해 모인 손님들로 북적거리고 있다.

소월이는 헤벌쭉 웃었어요.

"부모님께는 말씀드리고 온 거지?"

"아니. 부모님 몰래 온 건데."

"뭐? 그러면 안 돼. 다시 돌아가서 부모님께 허락받고 와."

수는 소리를 낮추며 손가락으로 옷장을 가리켰지만 내심 소월이가 반가웠어요. 하지만 집에 함께 있는 부모님과 오빠가 신경 쓰였고, 소월이네 부모님도 걱정하고 있을 거란 생각이 들었어요.

"싫어! 그냥 여기서 놀다 갈래!"

우리 가족 다 모여라!

수는 돌아가기 싫다는 소월이의 말을 못 들은 체하고 옷장 문고리를 잡아 열었어요. 소월이는 수의 팔을 잡고 말리려 했어요. 그 순간 갑자기 옷장 문이 열리고 바람이 확 불었어요. 수와 소월이는 깜짝 놀라 정신을 잃고 말았지요.

눈을 뜬 수와 소월이 앞에 커다란 나무들이 우거진 정원이 펼쳐졌어요.

"너 때문에 이상한 곳으로 왔잖아! 이제 집에 어떻게 돌아가지? 꼭 돌아가야 어린이날 선물을 받을 수 있단 말이야!"

"어린이날이 뭐야?"

"그, 부모님이 선물 사 주는 날이라고……, 암튼 넌 몰라도 돼."

수는 시큰둥하게 대답했어요. 소월이는 주위를 두리번거렸어요. 주변의 나무는 가지가 축 처져 아파 보였어요.

"어린이날의 의미를 모르니 5월의 나무도 이 모양이지. 허허."

낯선 할아버지의 목소리에 수와 소월이는 깜짝 놀랐어요.

방정환 선생이 만든 아동 잡지 〈어린이〉

정원사 할아버지의 5월 노트

어린이날을 만든 방정환

어린이날은 처음에 1919년 3.1 만세 운동 이후 어린이들에게 민족의식을 심어 주자는 뜻에서 시작되었단다. 1922년 4월 소년 운동 단체나 신문사 등이 모여 5월 1일을 소년일(어린이날)로 정했고 천도교소년회가 정식 선포했지. 이듬해인 1923년에 어린이를 위한 모임인 색동회가 소파 방정환을 중심으로 만들어졌는데 5월 1일 창립과 함께 첫 어린이날 행사를 천도교당에서 크게 열었단다. 1927년부터 5월 첫째 주 일요일을 어린이날로 삼았다가 날짜가 달라지는 불편을 막기 위해 1946년부터는 요일에 관계 없이 5월 5일로 고정이 된 거야.

소파 방정환 (1899~1931)

일제강점기에는 어린이날이 일본의 억압으로 사라지는 아픔도 있었단다. 방정환은 어린이들을 존중하자는 의미에서 어린이들에게도 존댓말을 쓰자고 했어. 어린이를 위한 아동 잡지 〈어린이〉를 만든 사람도 방정환이었어. 동화작가이면서 구연동화 선생님이기도 한 방정환은 어린이들을 위해 한평생을 바쳤단다.

"놀랄 것 없단다. 나는 이곳에서 열두 달을 상징하는 나무들을 돌보고 있는 정원사란다."

정원사 할아버지의 말대로 12그루의 커다란 나무들 앞에 1월부터 12월까지 각 달을 가리키는 표지판이 세워져 있었어요. 그중 유독 5월의 나무만 힘이 없어 보였어요.

"할아버지 말씀은 수 언니같이 선물만 바라는 사람이 많아 안타깝다는 뜻이지요?"

"너, 정말! 내가 언제 선물만 바랐다고 그, 그래……."

목소리가 기어 들어가는 수를 뒤로 하고 소월이는 조신하게 두 손을 가지런히 모아 할아버지 곁에 섰어요.

"5월 5일이 그저 선물을 받는 날이라고 생각하지 않았느냐? 물론 너 말고도 많은 아이들이 그리 생각하겠지만."

할아버지는 5월의 나무에 물을 주며 대답했어요.

"선물을 싫어하는 사람도 있나요? 선물 받는 게 뭐가 그리 나빠요?"

수는 입을 삐죽거렸어요.

"예끼, 요 녀석! 방정환 선생님은 어려운 환경 속에서도 어린이가 존중받고 행복하게 살아가기를 바라는 마음으로 어린이날을 만든 거야."

할아버지는 침을 튀기면서 설명을 했어요.

"방정환 아저씨가 선물을 절대 받으면 안 된다고 했어요?"

소월이가 눈치 없이 끼어들었어요.

"그게 아니잖아, 바보야!"

소월이는 수의 핀잔에도 아랑곳 않고 할아버지의 대답을 기다렸어요.

"그런 말은 한 적 없다. 하지만 어린이날을 단지 선물 받는 날로 알고 있으면 안 된다는 말이지."

수와 소월이가 고개를 끄덕이자 신기하게도 축 처져 있던 5월의 나무 가지 하나가 푸르게 되살아났어요.

왜 5월일까?

할아버지가 나무를 어루만지자 수도 할아버지를 따라 나뭇잎을 쓰다듬었어요. 그러다 나뭇잎에 새겨진 '5월 8일' 글자를 발견했어요.

"너, 5월 8일은 어버이날인거 알아?"

수는 아는 척을 하며 소월이에게 물었어요.

"와아, 그런 날도 있어?"

소월이의 입이 크게 벌어졌어요. 할아버지는 조용히 그 둘을 바라보며 입을 열었어요.

"어버이는 말 그대로 어머니와 아버지를 가리키는 말이란다. 우리나라는 1956년 5월 8일을 어머니날로 정했다가 아버지날도 있어야 한다는 이야기가 나오자 1973년 어버이날로 통일했지."

"그런데 왜 어버이날은 어린이날처럼 쉬는 날이 아닌가요?"

"어린이날은 나라가 정한 법정 공휴일이지만 어버이날은 그렇지 않아서 불만이구나. 그런데 그건 평소에 잘해 드리라는 뜻이 아닐까? 허허."

수는 할아버지의 웃음소리를 듣다가 갑자기 생각이 난 듯 물었어요.

"그런데 왜 어버이날에는 카네이션을

부모님의 은혜에 감사를 표현하는 카네이션

드리는 거예요?"

할아버지는 5월의 나무를 쓱 만지더니 마술처럼 붉은색 카네이션 한 송이를 꺼냈어요. 그러고는 소월이의 손에 쥐어 주었어요. 소월이는 처음 보는 카네이션을 신기한 듯 이리저리 살펴보았어요.

"부모님께 카네이션을 드리는 풍습은 미국의 안나라는 여성이 돌아가신 어머니를 추모하고자 자신의 가슴에 달면서 시작되었지."

"지난번에 꽃집에서 보니까 하얀 카네이션도 있던데 왜 붉은 카네이션만 부모님 가슴에 달아 드리는 거예요?"

우리 가족 다 모여라!

"눈썰미가 좋구나."

할아버지가 싱긋 웃으며 수를 칭찬했어요.

"어머니의 날이 제정된 이래 미국에서는 안나의 행동을 따라 살아 계신 어머니에게는 빨간 카네이션을 드리고, 어머니가 돌아가신 사람은 흰 카네이션을 자신의 가슴에 달고 어머니의 은혜에 감사를 표현하기 시작했지. 그 풍습이 우리나라에도 전해 온 것이고."

"스승의 날에 선생님께 카네이션을 드리는 것도 같은 이유인 거죠?"

할아버지는 수의 말에 빙그레 웃으며 고개를 끄덕였어요.

"집으로 돌아가면 이 카네이션을 어머니께 드려야겠다."

소월이가 카네이션을 소중하게 가슴에 품자 5월의 나무가 생기를 띠

기 시작했어요.

"할아버지, 그럼 5월 21일은 무슨 날이에요?"

소월이가 '5월 21일'이 새겨진 나뭇잎 하나를 가리켰어요.

"그날은 부부의 날이란다. 부부가 서로의 소중함을 알고 화

목한 가정을 이루자는 뜻으로 만들어진 날이지. 근데 왜 21일인지 아니?"

수는 얼른 머리를 굴려 보았지만 그럴듯한 이유가 떠오르지 않았어요.

"두 사람이 하나가 되었다는 뜻이 담겨 있단다."

"오호, 그런 뜻이 담겨 있다니 집에 돌아가면 엄마, 아빠한테 꼭 알려드려야겠는데요?"

수는 박수를 치며 호들갑을 떨었어요. 하지만 소월이는 이해가 잘 안 가는지 멀뚱히 수를 쳐다봤어요.

"언니, 근데 왜 5월에만 가족에 관련된 날이 많을까? 다른 달에 나눠 놓으면 좋을 텐데 이상하지 않아?"

수가 소곤거리며 대답하려 했을 때 할아버지가 대신 대답했어요.

"온가족이 모여 나들이 가기에 제격이라 그렇지 않을까? 허허."

푸른 잎들 사이로 따스한 햇살이 내려왔어요. 수와 소월이의 얼굴도 밝게 빛났어요.

 온 가족이 모이는 날

할아버지는 천천히 걸음을 옮겨 다른 나무에도 물을 주었어요. 수와 소월이도 할아버지를 따라 걸었어요.

"그런데 설날이나 추석도 온가족이 모이니까 나름 가족의 날이네요?"

"허허, 그렇구나. 추석과 설날은 대한민국의 큰 명절이지. 멀리 떨어져 지내던 가족들이 한자리에 모이는데 그보다 기쁜 날이 또 어디 있겠니?"

어느새 할아버지는 9월의 나무에 물을 주고 있었어요. 수는 할아버지에게 말했어요.

"그런데 저희 외할머니는 시골에 혼자 사시는데 명절 때가 되면 저희 집으로 올라오세요. 내려오는 길이 많이 막힌다고요. 난 할머니 댁에 가고 싶은데……."

대한민국의 대표 명절인 추석이 되면 전 인구의 5분의 1이 고향으로 내려가는. '민족 대이동'이 일어난다.

"그런 걸 역귀경이라고 한단다. 혼자 사시는 어르신들이 많아지면서 자식들 편하라고 도시로 명절을 보내러 오는 것이지."

"설이나 추석이 되면 하도 친척들이며 손님들이 몰려드니까 우리 유모는 '에휴, 이러다가 문턱이 남아나지 않겠구나'라며 한숨 쉬고 그래. 헤헤."

우리 가족 다 모여라!
47

소월이가 유모 말투를 흉내 내며 히죽히죽 웃었어요.

"너희는 친척 어른들을 자주 뵙니?"

수가 소월이에게 물었어요.

"응, 수시로 오셔. 한 달에 한 번은 꼭 제사가 있거든."

"제사가 엄청 많구나?"

수가 놀란 듯 눈이 동그래졌어요. 할아버지는 그런 수를 보며 이야기 했어요.

"제사는 가족들이 모여 조상들의 은혜에 감사하기 위해 정성스럽게 음식을 차리고 마음을 다하여 지내는 의식이란다. 세월이 흐르면서 제사의 횟수나 시간은 집집마다 조금씩 바뀌었지만 조상을 기리는 마음은 똑같지."

"제사 음식을 만들 때 제가 배가 고파 옆에서 어슬렁거리면 할머니가 제사 끝나고 먹어야 한다고 하나도 안 주는 거 있죠."

수는 심통 난 얼굴을 했어요.

"그 대신 음복이 있지 않느냐. 제사가 끝나고 제사 음식을 나눠 먹고 조상에게 복을 나눠 받으니 그 의미가 아주 깊다고 할 수 있지."

"에이, 제사 끝나면 졸려서 그냥 잔단 말이에요."

"난 제사 때가 좋아. 늦게 잘 수 있으니까. 새벽녘에 제를 지내거든."

어느덧 수와 소월이는 12월의 나무에 다다랐어요.

"그나저나 이제 너희들은 어디로 가느냐?"

"그게……. 저희들도 잘 모르겠어요."

할아버지는 구부정한 허리를 쭉 펴고 고개를 들었어요.

"이 길로 쭉 가거라. 그러다 보면 마을이 하나 나올 게야. 그곳에 가면 무슨 방법이든 생길 게다."

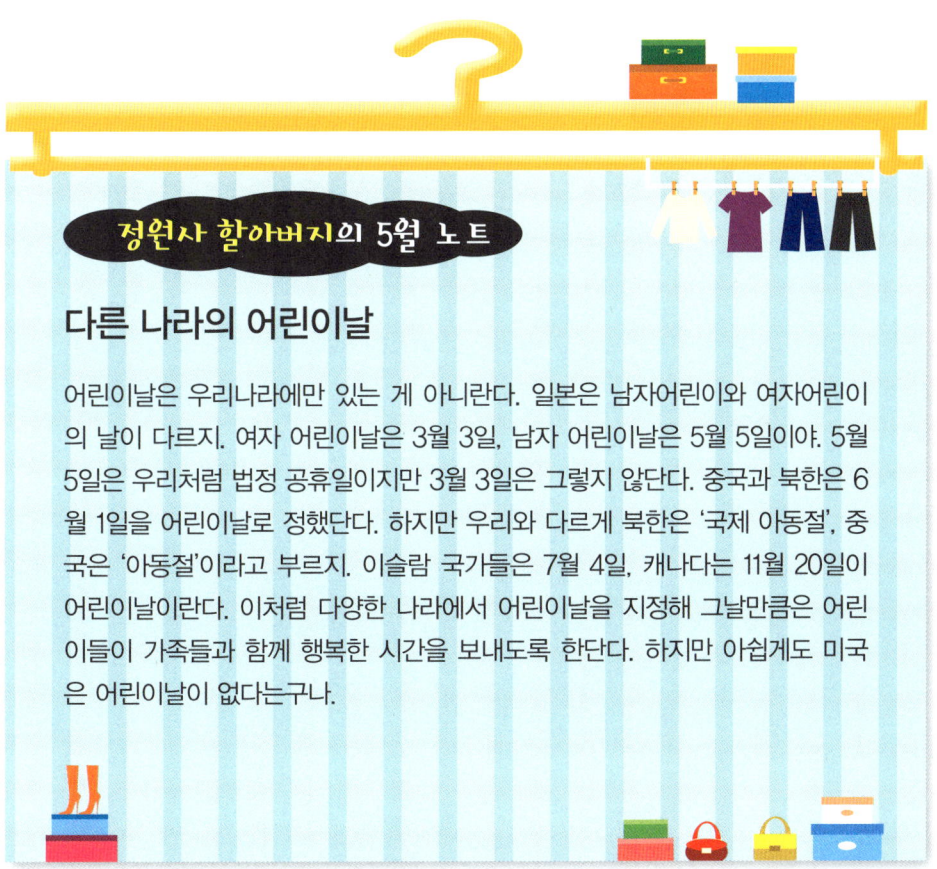

정원사 할아버지의 5월 노트

다른 나라의 어린이날

어린이날은 우리나라에만 있는 게 아니란다. 일본은 남자어린이와 여자어린이의 날이 다르지. 여자 어린이날은 3월 3일, 남자 어린이날은 5월 5일이야. 5월 5일은 우리처럼 법정 공휴일이지만 3월 3일은 그렇지 않단다. 중국과 북한은 6월 1일을 어린이날로 정했단다. 하지만 우리와 다르게 북한은 '국제 아동절', 중국은 '아동절'이라고 부르지. 이슬람 국가들은 7월 4일, 캐나다는 11월 20일이 어린이날이란다. 이처럼 다양한 나라에서 어린이날을 지정해 그날만큼은 어린이들이 가족들과 함께 행복한 시간을 보내도록 한단다. 하지만 아쉽게도 미국은 어린이날이 없다는구나.

어린이날, 어떻게 보내야 할까?

어린이날은 소파 방정환 선생이 색동회 어린이 문화 운동과 인권 운동을 펼친 한국 최초의 어린이 문화 운동 단체를 창립하면서 시작하여 1946년 5월 5일에 자리를 잡았다. 어린이날은 어린이의 인격을 존중하고 행복을 도모 어떤 일을 이루기 위해 대책과 방법을 세움 하기 위한 기념일이다. 옛날에는 어린이날에 자장면 한 그릇만 사 줘도 좋아했다지만 스마트폰과 인터넷에 익숙한 요즘 아이들은 어린이날을 어떻게 보내고, 또 어떤 선물을 받고 싶어 할까?

어린이 화장품 브랜드 '바비 코스메틱'에서 유치원생과 초등학생 515명(5~13세 남녀 어린이)을 대상으로 '어린이날 부모에게 가장 듣고 싶은 말'을 온오프라인을 통해 설문 조사한 결과 72%가 "네가 하고 싶은 대로 다 해라"를 꼽았다. 그리고 "앞으로는 잔소리 안 하마" (15%)가 두 번째로 듣고 싶은 이야기였다. 한 초등학생 누리꾼은 "유치원 때부터 성적과 학원, 이성 친구 문제로 엄마 아빠의 잔소리를 들어 왔다. 이제는 그만 듣고 싶다"고 말했다.

같은 조사에서 가장 받고 싶은 선물은 모바일 세대답게 '휴대전화'가 62%(219명)로 가장 많았고, 'MP3 플레이어'(15%)와 '게임기'(11%)도 인기 있는 아이템이었다. 여자 어린이(15%)들의 지지를 받은 '액세서리 및 화장품'(8%)도 순위에 올랐으며 '온라인 캐시 충전'(3%)과 '애완동물'(2%)이 그 뒤를 이었다. 가장 가고 싶은 곳은 역시 '놀이공원'(52%)이 1위. '패밀리 레스토랑'(25%)과 '영화관'(13%) 순이었다. 반면 책(48%), 학용품(27%), 문제집(15%)등 부모의 눈높이에 맞춘 선물은 아이들에게 환영받지 못했다.

어린이날은 무조건 아이들의 말을 들어주고 하고 싶어 하는 일을 하게 하는 날일까? 어린이날은 모든 사람에게 어린이의 소중함을 한 번 더 일깨워 주는 날이다. 하지만 그런 의미를 찾는 데 시간을 내기보다는 선물을 주고받거나 놀러 가는 데 큰 의미를 두는 사람이 점점 늘고 있다. 부모는 어린이날이 되면 아이에게 용돈이나 선물을 주고, 자신들의 하루를 빼어 아이들과 놀아 주어야 한다고 생각한다. 어린이들도 부모에게 작든 크든 선물은 꼭 받고 그날만큼은 하고 싶은 일들을 부모님에게 하자고 조른다. 어린이날은 놀이공원이나 음식점마다 사람들로 넘쳐난다. 이로 인한 부모님의 경제적인 부담은 무시할 수 없고, 부모님의 빈자리로 인해 아픔을 겪는 어린이들에게 어린이날은 더 슬픈 날로 인식된다. 어린이날은 물질적인 즐거움이 아니라 어린이날의 의미를 되새기는 날이 되도록 어린이들의 생각도 조금은 달라져야 하지 않을까?

이날은 무슨 날?

수가 어버이날과 부부의 날에 관해 설명하고 있어요.
잘못 설명한 글을 찾아 바르게 고쳐 보아요.

❶ 어버이날 부모님께 카네이션을 드리는 풍습은 미국의 안나라는 여성이 돌아가신 어머니를 추모하고자 가슴에 달면서 시작되었어.

❷ 어버이날은 우리나라에서 시작되었어.

❸ 부부의 날인 5월 21일은 둘이 하나가 된다는 뜻을 담고 있어.

❹ 1956년 5월 8일, 미국에서 처음으로 어버이날을 지정했어.

정답
❶ ○
❷ ×. 미국에서 시작되었어.
❸ ○
❹ ×. 1956년 5월 8일을 어머니날로 정했다가 아이들도 부모님 은혜에 감사하자는 의미로 1973년부터 아버지날과 함께 어버이날로 통일했어.

3장 가족의 모습도 가지각색

 좀 다르면 어때!

수와 소월이는 할아버지가 가르쳐 준 길을 따라 걷다가 작은 마을 어귀에 이르렀어요. 수와 소월이는 헥헥거리며 마을로 들어갔어요.

"아유, 목말라. 저 집에 가서 물 좀 얻어 마시자."

수는 아담한 크기의 첫 번째 집 문을 두드렸지만 아무 반응이 없었어요.

"아무도 없나 봐. 다른 집으로 가 보자!"

수는 지친 소월이를 끌고 발길을 돌렸어요. 그러던 중 마을 공터에서 놀고 있는 아이들을 발견했어요. 수와 소월이는 반가움에 후다닥 뛰어가 아이들 틈에 슬쩍 끼어들었어요.

"안녕, 애들아. 여기가 어디니?"

수의 질문에 아이들은 합창하듯 똑같이 대답했어요.

"여기는 샐러드 마을이야!"

"뭐, 샐러드? 마을 이름 한번 요상하네. 그런데 어른들은 안 계셔?"

"회관에 모여 계셔. 중요하게 나눌 이야기가 있대."

한 아이가 벽돌 건물을 가리키며 말했어요. 아이들은 각자 가방에서 간식들을 꺼내 먹는 중이었어요. 그때 한 여자아이가 말했어요.

"나는 엄마가 병원에 가셔서 간식을 못 가져왔어."

"그래? 그럼 내가 나눠 줄게."

옆에 있던 아이가 말했어요. 그러자 함께 있던 아이들도 간식을 나누어 주었어요.

"언니들도 같이 먹어요!"

"그래, 좋아!"

수와 소월이는 신이 나서 아이들이 나눠 준 간식을 먹으며 물었어요.

"엄마가 어디 아프셔?"

"그건 아니고, 우리 엄마 배 속에 아기가 있대."

"수연이는 동생 생겨서 좋겠다."

남자아이가 부러워하며 말했어요.

"아빠 엄마가 그러시는데 난 가슴으로 낳은 아이래. 아기가 오랫동안 생기지 않아 날 입양하셨거든. 그런데 얼마 전에 엄마가 임신하셨어. 나한테 미안해 하시지만 나는 동생이 생겨서 정말 좋아!"

"동생이 태어나면 보러 가도 돼? 우리 할아버지께 선물로 나무 인형을 만들어 달라고 해야겠다."

"정말? 나도 나무 인형 갖고 싶다."

소월이가 눈치없이 불쑥 끼어들었어요.

"우리 집에 놀러 와. 할아버지는 내 말이라면 다 들어주셔. 할아버지가 나한테는 엄마이자 아빠거든. 우리 엄마 아빠는 하늘나라에 살고 있어서 할아버지랑 매일 같이 엄마 아빠를 위해 기도하고 있어."

그때 눈이 큰 남자아이가 조심스럽게 말을 꺼냈어요.

"나도 나무 인형 하나 만들어 주면 안 돼? 꼭 선물하고 싶은 사람이 있는데……."

"누구한테 선물하려고?"

수연이가 물을 마시며 물었어요.

"우리 아빠가 다음 달에 결혼하거든. 그래서 나한테 예쁜 누나랑 엄마가 생겨. 새 누나랑 엄마한테 주고 싶어서."

열심히 과자를 먹던 소월이가 남자아이에게 물었어요.

"다들 평범하지 않구나. 그런데 너희 새 누나는 누구 성을 써야 하니? 음……, 아무래도 핏줄이 중요하니까 성을 바꾸면 안 되겠지? 아버지가 다르잖아."

소월이가 한마디를 툭 던졌어요. 그러자 수가 갑자기 벌떡 일어나 따지듯이 물었어요.

"한 가족인데 성이 다르면 같은 반 아이들이 얼마나 놀리는 줄 아니? 나를 낳아 준 아빠도 중요하지만 난 지금 같이 사는 가족의 행복이 더 중요하다고 생각해!"

"갑자기 왜 그래?"

수의 갑작스러운 반응에 소월이가 놀라 말했어요. 다른 아이들도 먹던 간식을 내려놓고 그 둘을 번갈아 바라보았어요. 수는 숨을 깊게 내쉬더니 다시 제자리에 앉았어요.

"미안해. 난 한 살 때 아빠가 돌아가셨어. 지금 같이 사는 아빠는 우리 엄마랑 7년 전에 다시 결혼하신 거야."

"언니에게도 그런 일이 있었구나. 난 그것도 모르고……."

소월이는 미안한 표정으로 수의 손을 살짝 잡았어요.

"지금은 괜찮아. 처음에는 낯설어서 피하고 울기도 했는데 지금은 엄마보다 더 친해. 주말이면 박물관이나 공원에도 자주 가고 항상 나에게 재미있는 이야기를 해주겠다고 쫓아오셔. 어쩔 땐 귀찮을 정도라니까. 히히."

수는 해맑게 웃었어요. 그때 갑자기 낯선 목소리가 들렸어요.

"우와, 예쁘다. 나도 이런 머리 하고 싶어!"

소월이가 뒤를 돌아보니 피부가 까만 여자아이가 소월이의 댕기머리를 만지작거리고 있었어요. 소월이는 신기한 표정으로 여자아이를 쳐다보았어요.

"넌 어느 나라 사람이니? 어쩜, 우리나라 말을 참 잘하는 구나."

"후유, 소월아, 너 그 말 실례야. 나중에 나랑 다시 이야기하자고."

수와 소월이는 아이들과 작별 인사를 한 뒤 조금

떨어진 곳으로 걸어갔어요.

"저 아이, 피부색이랑 생김새가 조금 다를 뿐 우리나라 사람이야."

"말도 안 돼. 눈도 완전 크고, 진한 쌍꺼풀에, 코는 오똑하고, 입술은 도톰하고……. 우리랑은 전혀 다르게 생겼는데?"

소월이는 호들갑을 떨었어요.

"말 되거든? 뭐 너희 시대에는 거의 없던 일이니까. 하지만 지금 내가 사는 시대는 달라. 외국인과 결혼하는 사람이 많아졌거든. 나라 간에 이동도 편리해져서 살고 싶은 나라가 있으면 몇 가지 심사를 거친 후에 다른 나라에 건너가서 살 수도 있어. 그걸 이민이라고 부르는데 들어봤니?"

"그럼 여러 나라 사람들이 우리나라에 모여 사는 거야?"

"당연하지. 그런 걸 다문화 사회라고 해. '다문화'란 '많을 다(多)'자에 '문화(文化)'라는 말이 합쳐져 '다양한 나라의 생활 양식'이라는 뜻이야. 이제 우리 학교에서도 피부색이 다른 친구들을 쉽게 찾아 볼 수 있어.

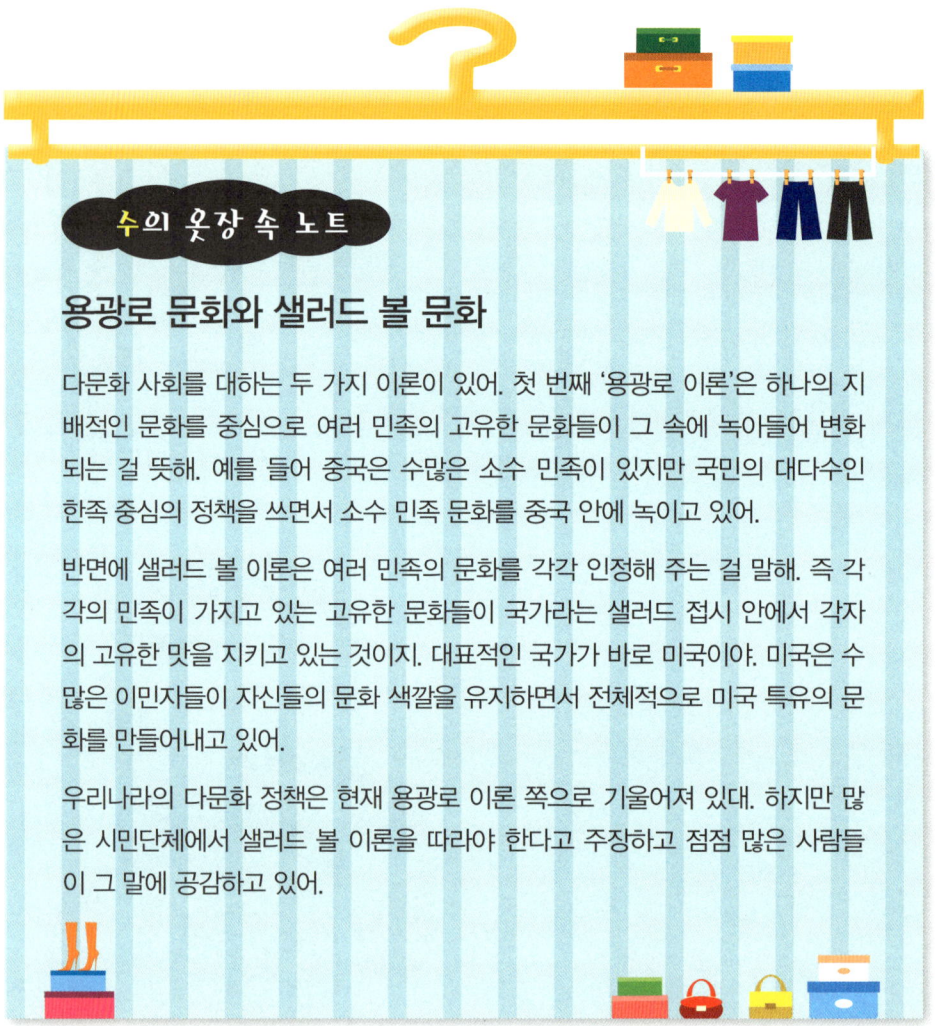

수의 옷장 속 노트

용광로 문화와 샐러드 볼 문화

다문화 사회를 대하는 두 가지 이론이 있어. 첫 번째 '용광로 이론'은 하나의 지배적인 문화를 중심으로 여러 민족의 고유한 문화들이 그 속에 녹아들어 변화되는 걸 뜻해. 예를 들어 중국은 수많은 소수 민족이 있지만 국민의 대다수인 한족 중심의 정책을 쓰면서 소수 민족 문화를 중국 안에 녹이고 있어.

반면에 샐러드 볼 이론은 여러 민족의 문화를 각각 인정해 주는 걸 말해. 즉 각각의 민족이 가지고 있는 고유한 문화들이 국가라는 샐러드 접시 안에서 각자의 고유한 맛을 지키고 있는 것이지. 대표적인 국가가 바로 미국이야. 미국은 수많은 이민자들이 자신들의 문화 색깔을 유지하면서 전체적으로 미국 특유의 문화를 만들어내고 있어.

우리나라의 다문화 정책은 현재 용광로 이론 쪽으로 기울어져 있대. 하지만 많은 시민단체에서 샐러드 볼 이론을 따라야 한다고 주장하고 점점 많은 사람들이 그 말에 공감하고 있어.

그런데 문화가 다르고 생김새가 다르다는 이유로 차별을 당할 때가 있어. 입장을 바꿔서 생각해 보면 좋을 텐데 말이야."

수의 눈빛이 진지했어요.

"우와, 언니는 그런 걸 어디서 다 배운 거야?"

수는 으쓱대며 말했어요.

"내가 이래뵈도 인류학 교수님의 딸이라고! 흠흠!"

 우리 가족은 몇 명?

"그런데 이 마을에는 우리 집처럼 식구들이 많은 집은 없나 봐. 할아버지, 할머니, 아버지, 어머니, 큰 오라버니, 작은 오라버니, 언니, 또……."

소월이가 손가락을 꼽으며 식구 수를 세기 시작했어요.

"너희는 대가족이구나?"

"대가족?"

"할아버지와 할머니를 1세대, 아버지와 어머니를 2세대, 나와 형제자매를 3세대로 나눌 수 있어. 이렇게 3세대 이상이 같이 모여 살면 대가족이라고 하지. 그런데 지금은 옛날하고 달라. 시간이 흐르면서 사람들이 농사가 아닌 다른 일자리를 찾아 도시로 떠나오면서 우리 가족처럼 핵가족이 생겨났어."

"그래? 핵가족은 모두 몇 명인데?"

소월이는 호기심이 발동했어요.

"몇 명이라고 정해 놓은 건 아니지만 보통 부모님과 결혼하지 않은 자녀들이 같이 사는 걸 말해. 소가족이라고 부르기도 한대."

"음~메, 음~메! 우리 집에도 소가족이 있어. 물론 다른 소가족이지

대가족

1900년경 한 대가족의 사진. 농경을 기반으로 하는 사회에서는 대가족이 일반적인 가족의 형태이다.

만, 히히!"

소월이의 말장난에 수도 웃음이 났어요.

"결혼한 자녀와 부모님이 같이 사는 것을 확대 가족이라고 불러. 핵가족이 더 커졌다고 보면 돼. 확장 가족이라고도 부르지."

수의 입매가 야무졌어요.

"언니는 훈장님 해도 되겠어. 물론 여자 훈장님은 없지만."

소월이는 수가 어른처럼 보였어요.

사회가 점차 도시화, 산업화 되면서 일자리를 찾아 도시로 떠나는 사람이 많다 보니 자연히 핵가족이 생겨났다.

가족의 모습도 가지각색

"난 훈장님 할 생각 없거든? 난 아빠처럼 인류학을 공부할 거야."

수는 나뭇가지로 땅바닥에 인류학자라고 썼어요.

"뭔지 몰라도 멋있어 보인다. 나, 언니랑 같이 살래. 그럼 나도 멋진 어른이 될 수 있을 것 같아!"

수가 깜짝 놀라 소월이를 달랬어요.

"뭐? 너 우리 집 가훈이 뭔지 아니? 남에게 피해를 주지 말자야. 너 재워 줄 방 없다고."

"푸하하하, 무슨 가훈이 그래."

소월이는 깔깔 웃어대며 말했어요.

"우리 집 가훈은 삼사이후행(三思而後行)! 세 번을 생각한 후에 행동하라는 뜻이야. 가훈이 이 정도는 돼야 기품이 있지."

소월이는 거드름을 피우며 콧대를 세웠어요. 수가 피식 웃으며 말했어요.

"너희 집 가훈처럼 세 번은 생각하고 나랑 같이 살던가 말던가 하렴."

"너무해!"

소월이는 팔짝팔짝 뛰면서 수 주위를 빙그르르 돌았어요.

"어지러우니까 그만해!"

수는 소월이를 붙잡다가 저 멀리 문짝이 다 떨어진 옷장을 발견했어요.

"앗, 찾았다! 옷장!"

"왜 저런 곳에 있는 거야?"

소월이가 씩씩하게 앞장섰어요. 옷장 앞에서 수와 소월이는 서로의 얼굴을 바라봤어요. 그러고는 결심을 한 듯 소월이가 조심스럽게 비스듬하게 누워 있는 문짝을 잡아당겼어요.

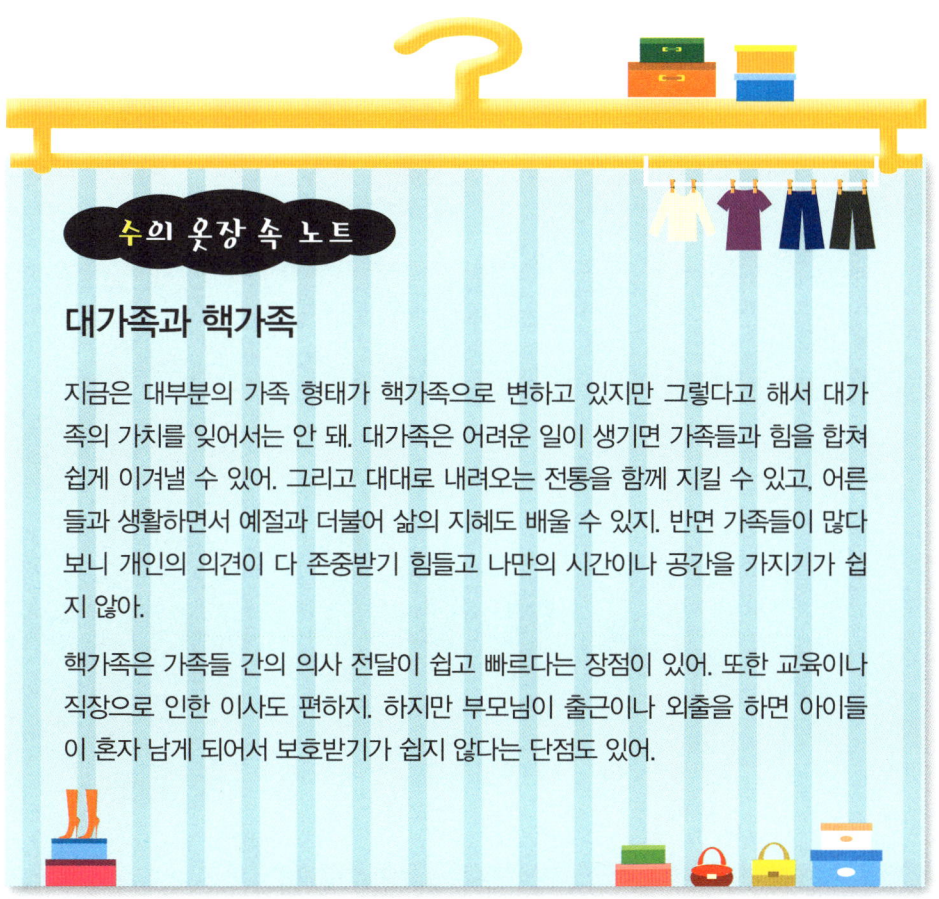

수의 옷장 속 노트

대가족과 핵가족

지금은 대부분의 가족 형태가 핵가족으로 변하고 있지만 그렇다고 해서 대가족의 가치를 잃어서는 안 돼. 대가족은 어려운 일이 생기면 가족들과 힘을 합쳐 쉽게 이겨낼 수 있어. 그리고 대대로 내려오는 전통을 함께 지킬 수 있고, 어른들과 생활하면서 예절과 더불어 삶의 지혜도 배울 수 있지. 반면 가족들이 많다 보니 개인의 의견이 다 존중받기 힘들고 나만의 시간이나 공간을 가지기가 쉽지 않아.

핵가족은 가족들 간의 의사 전달이 쉽고 빠르다는 장점이 있어. 또한 교육이나 직장으로 인한 이사도 편하지. 하지만 부모님이 출근이나 외출을 하면 아이들이 혼자 남게 되어서 보호받기가 쉽지 않다는 단점도 있어.

모여라, 다문화!

우리나라에 살고 있는 외국인 주민의 수가 크게 증가하고 있어요.
이에 따라 다문화 가정도 늘어나고 있지요. 그래프와 도표를 통해 살펴봐요.

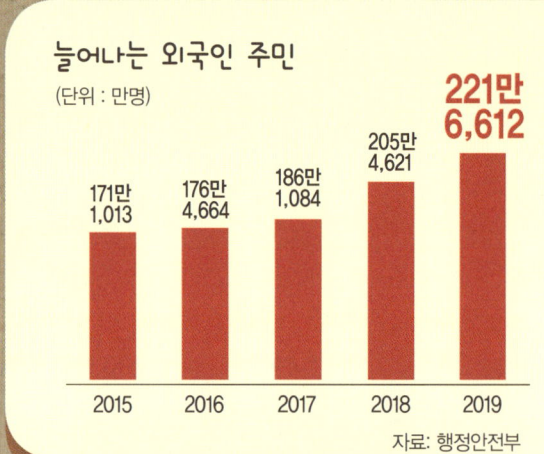

1 늘어나는 외국인 주민
(단위: 만명)

- 2015: 171만 1,013
- 2016: 176만 4,664
- 2017: 186만 1,084
- 2018: 205만 4,621
- 2019: 221만 6,612

자료: 행정안전부

2 연도별 다문화 가정의 초·중·고 학생 수
(단위: 명)

- 2013: 55,780
- 2014: 67,806
- 2015: 82,536
- 2016: 99,186
- 2017: 109,387
- 2018: 122,212
- 2019: 137,225

자료: 교육통계서비스

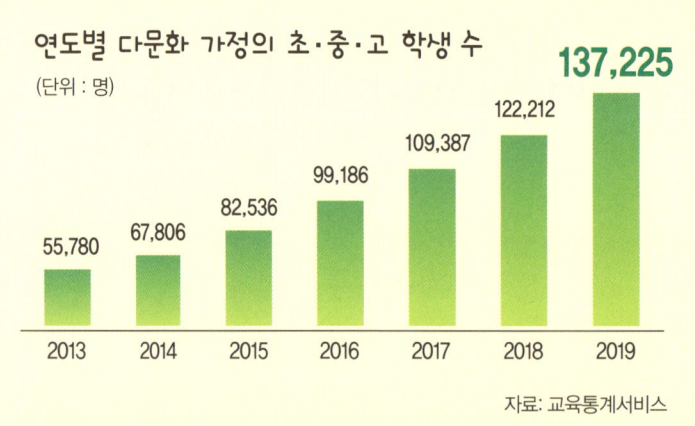

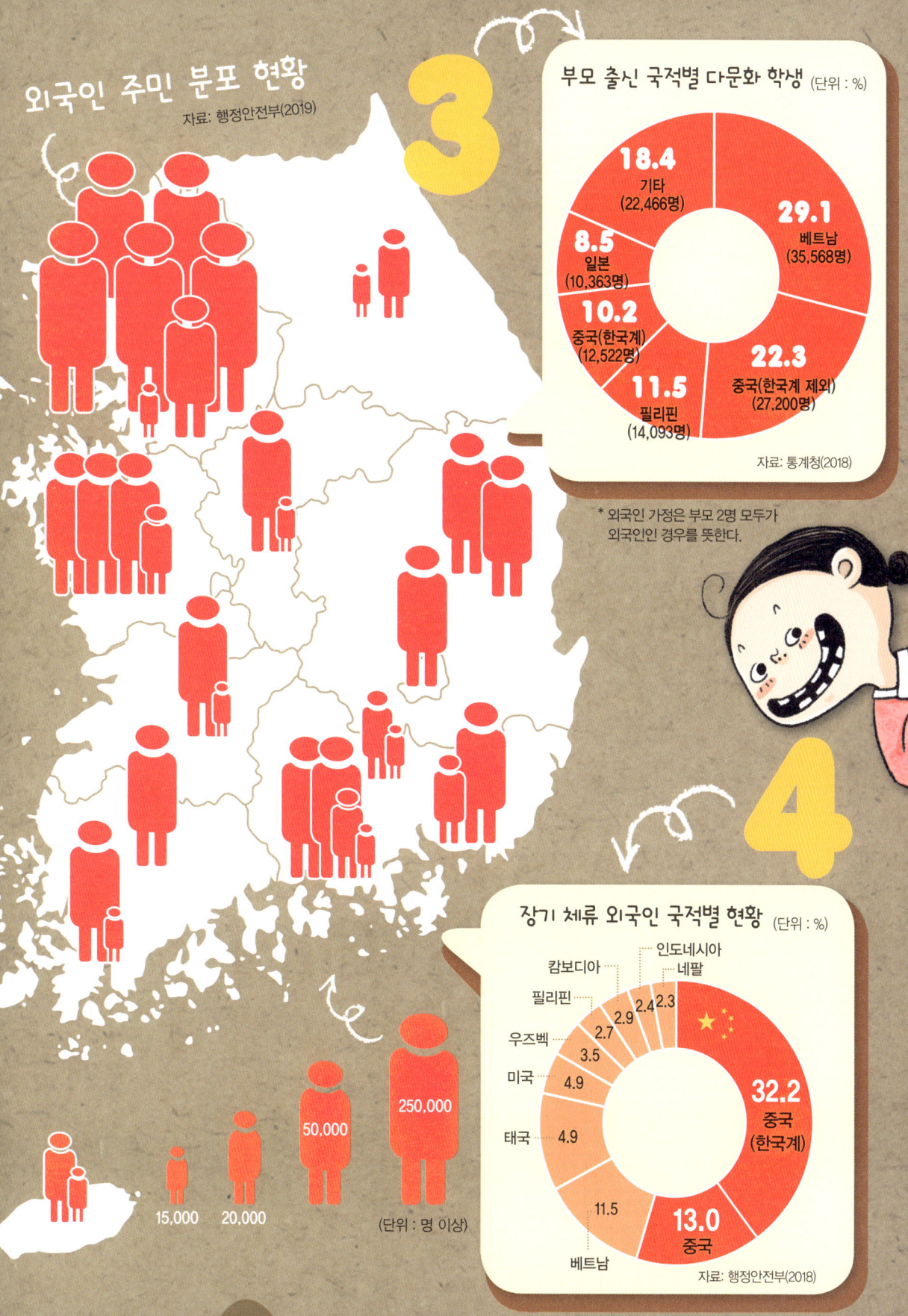

용광로 이론 vs 샐러드 볼 이론

본문에서 다루었듯이 다문화 사회를 대하는 방법에는 크게 두 가지가 있다. 첫 번째 용광로(Melt Pot) 이론은 여러 민족의 고유한 문화들이 지배적인 한 문화 안에서 변화를 일으키는 것을 말한다.

하지만 한 문화만을 강조하고 중요시하는 용광로 이론은 사회적인 불만을 야기_{일이나 사건 등을 일으킴}할 수도 있다. 예를 들어 중국은 인구의 다수(91.52%)를 차지하는 한족과 나머지(8.48%)를 차지하는 55개의 소수 민족으로 구성되어 있다. 중국은 지금까지 한족 중심의 정책을 펴 왔는데 이로 인해 소수 민족이 입는 피해가 수도 없이 많았다. 경제적으로 받는 이익도 한족이 더 유리할 뿐 아니라 중국 권력 기관이나 행정 기관에는 대부분 한족이 자리 잡고 있어서 소수 민족을 위한 정책이 적극적으로 펼쳐지지 못하는 악순환이 계속 되고 있다.

샐러드 볼(Salad Bowl) 이론은 국가라는 큰 그릇 안에서 여러 민족의 문화가 각 문화의 고유한 맛을 유지하는 것을 말한다. 예를 들어 캐나다는 대부분 영어를 사용하지만 퀘벡 주는 프랑스 어를 사용한다. 각 민족의 문화 정체성을 인정하면서 사회를 발전시키는 방안을 선택한 것이다. 그 결과 문화 간 충돌을 줄이고 각 민족의 다양성을 인정하려 했다.

하지만 용광로 이론이나 샐러드 볼 이론 모두 한계를 가지고 있다. 미국이나 프랑스에서는 다른 인종이 사는 장소가 분리되어 있고, 취업률이 낮은 흑인과 아랍계 주민의 불만이 터지면서 폭동이 일어나기도 했다. 이는 최근 도심도시의 중심 지역과 경기도 안산 수원 등에 특정 외국인 거주 지역이 생겨나는 우리나라에도 많은 생각할 거리를 던져 준다.

샐러드 볼 이론이 다양한 민족의 고유한 특성을 존중하고 주류중심이 되는 다수 사회에 진출할 기회를 주자고 말하는 것은 좋은 일이다. 하지만 주류 언어와 문화를 배우지 않고 자신의 것만 고집할 때는 오히려 주류 사회에 들어가지 못하고 스스로 벽을 쌓고 만다. 실제로 미국 로스앤젤레스에 사는 한국인 가운데 영어를 능숙하게 말하지 못하고 주로 한국인을 상대로 장사하는 사람들이 많다. 독일에서도 노동자 신분으로 온 수십만 명의 터키인이 자국어를 고집하며 특정 지역에 몰려 살고 있어 문제가 되고 있다.

한 가지 이론만이 옳다고 주장하는 것은 위험하다. 이것이야말로 다문화 사회에서 피해야 할 사고방식이다. 각 이론의 장점을 포괄어떤 범위 안에 모두 끌어 넣음하려는 개인의 마음가짐과 적극적인 국가 정책이 꼭 필요하다. 다른 문화적 배경을 가진 사람들이 자신의 고유문화를 지키면서 서로 조금씩 양보한다면 다수가 만족할 수 있는 사회를 만들어 나갈 수 있을 것이다.

다문화 사회를 이해해요!

아래에는 다문화 사회에 관한 두 가지 이론을 설명하고 있어요.
'용광로 이론'이면 '용', '샐러드 볼 이론'이면 '샐'이라고 적어 보아요.

1. 여러 민족의 고유한 문화를 인정해 준다.

2. 하나의 지배적인 문화를 중심으로 여러 민족의 고유한 문화들이 그 속에 녹아든다.

3. 미국에 사는 수많은 이민자들은 자신들의 문화 색깔을 유지하며 전체적으로 미국 특유의 문화를 만들고 있다.

4. 중국에는 수많은 소수 민족이 있지만 중국 정부는 국민의 대다수인 한족 중심의 정책을 쓰고 있다.

정답 1 샐 2 용 3 샐 4 용

4장 뭐라고 불러야 하지?

꼬맹이 삼촌

수와 소월이는 집으로 다시 돌아왔다는 사실에 서로 손바닥을 치며 기뻐했어요. 하지만 기쁨도 잠시, 방문이 활짝 열리면서 빡빡머리를 한 남자아이가 수에게 장난감 총을 겨누었어요.

"피융! 적들은 모두 꼼짝 마라!"

"너, 세윤이 아냐. 언제 왔어? 총 저리 치워!"

수는 장난감 무기로 공격을 하는 세윤이를 보며 기겁했어요.

"떽! 세윤이라니! 삼촌에게 존댓말도 꼬박꼬박, 공손하게 인사도 해야지!"

세윤이는 장난감 총을 내려놓지 않고 수를 꾸짖는 시늉을 했어요. 수는 속이 부글부글 끓었어요.

"꼬맹이가 말끝마다 삼촌이래. 나보다 어린 것이!"

수는 세윤이 머리에 꽁 하고 꿀밤을 쥐어박았어요.

"으앙, 삼촌한테 뭐하는 짓이야! 엄마한테 이를 거야!"

결국 세윤이가 울음을 터뜨리며 방 밖으로 뛰쳐나갔어요.

"무슨 일이야?"

옷장 밖으로 나온 소월이가 물었어요.

"응, 작은 할아버지 막내아들인데. 내 삼촌뻘이 된다고 하더라고. 나보다 세 살이나 어린데……."

수는 말을 흐리다가 갑자기 생각난 듯이 외쳤어요.

"큰일이다! 내일 증조할아버지 제사 드리는 날이야! 어쩐지 세윤이가 와 있더라 했어. 미안하지만 너 오늘은 집에 돌아가야겠다."

수는 소월이를 옷장 안으로 밀어 넣으려고 했어요. 하지만 소월이는 막무가내였어요.

"싫어! 좀 더 놀다 갈 거란 말이야."

"소월아, 제발! 밖에 어른들 계신다니까!"

"그래? 그럼 얼른 인사 드려야지!"

소월이는 힘이 얼마나 센지 옷장 문을 밀치고 쪼르륵 방을 나가 버렸어요. 수는 눈앞이 캄캄했어요. 밖에서 무슨 일이 벌어질지 겁이 났거든요. 그런데 밖은 의외로 조용했어요. 수는 조용히 방문을 열고 고개를 살짝 내밀었어요.

"아침부터 코빼기도 안 보이더니 친구까지 데리고 왔어?"

종종걸음으로 부엌으로 들어가던 엄마가 한마디했어요.

'친구라고? 누구? 혹시 소월이?'

수는 부엌에서 얌전히 앉아 있는 소월이를 발견했어요.

"앗, 소월아. 이제 집으로 돌아가야지. 부모님이 걱정하시겠다, 어서!"

수는 최대한 친절하게 실실 웃으면서 말했어요. 하지만 소월이는 수의 말을 들은 체 만 체 호기심에 가득 찬 얼굴로 수의 엄마를 바라보았어요.

"어머니, 수 언니가 내일 증조할아버지 제사 드리는 날이라고 해서 왔어요. 제사를 어떻게 드리는지 보고 배우고 싶어요. 언니네 집에서 하룻밤만 자려고 하는데 허락해 주시면 안 될까요?"

엄마는 수의 답답한 마음도 모른 채 소월이를 칭찬했어요.

"요즘 애들은 제사라고 하면 별로 알고 싶어 하지 않던데 참 기특하구나. 예의도 바르고. 수한테 이런 친구가 있는지 몰랐네? 호호."

수는 엄마가 아무런 의심도 없이 허락하자 내심 안심이 되었어요. 하지만 제사가 끝나면 걱정할 소월이 부모님을 위해 바로 소월이를 집으로 돌려보내야겠다고 생각했어요. 그때 엄마가 수에게 말했어요.

 "그나저나 수야, 집안 어르신들 다 오실 텐데 말조심해. 세윤이한테 꼬맹이가 뭐니 꼬맹이가."

 "꼬맹이를 꼬맹이라고 부르지 뭐라고 불러! 나보다 어린데 삼촌 소리가 쉽게 나올 리가 없잖아!"

 수는 못마땅한 얼굴로 세윤이를 힐끔거렸어요. 수는 증조할아버지의 제삿날이 은근히 싫었어요. 촌수로는 삼촌뻘이 되는 세윤이가 수만 보면 졸졸 따라다니며 존댓말을 쓰라고 귀찮게 굴었거든요. 가만히 듣던 소월이가 수를 잡아끌었어요.

 "그런데 삼촌이라니, 저 꼬맹이 이름이 삼촌이야? 세윤이라며?"

소월이는 장난감 총을 들고 이리저리 뛰어다니는 세윤이를 넌지시 바라봤어요.

"어머, 삼촌이라는 말을 모르니? 아버지나 어머니의 남자 형제를 그렇게 부르잖아."

수의 엄마는 소월이에게 자분자분 가르쳐주었어요.

"부모님의 남자 형제를 삼촌이라고 부른다니, 왜요?"

소월이는 어리둥절해하며 말했어요. 수는 소월이가 엉뚱한 말들을 늘어놓자 걱정이 되었지요.

제사상을 차리는 방법은 집안마다 다르고, 준비한 음식에 따라서 달라진다.

"삼촌이 삼촌이지, 그럼 사촌이겠니?"

수는 소월이를 타박했어요.

"아버지의 남자 형제는 백부 또는 큰아버지, 작은 아버지라고 부르는 거고 어머니의 남자 형제는 외숙부라고 부르지 않아?"

소월이의 설명에 수의 엄마와 수는 어리둥절했어요. 그러자 세윤이의 큰 누나 세영이가 부엌에서 나오며 말했어요.

"맞아요! 저도 학교에서 배웠어요. 삼촌은 촌수와 호칭을 구분하지 않고 쓰는 말 중에 하나라고 하더라고요. 수 친구는 참 똑똑하네."

세영이는 소월이 말에 맞장구를 쳤어요. 어느새 소월이의 주변에는 수의 엄마, 세윤이, 세영이, 수가 둘러앉아 있었지요. 소월이는 주위를 둘러보더니 목을 가다듬고 다시 말을 이었어요.

"일촌, 이촌처럼 삼촌도 촌수를 말하는 거예요. 고모와도 삼촌 관계이지만 고모를 삼촌이라고 부르지 않는 것과 같은 이치이지요."

말하는 소월이의 입매가 야무졌어요. 소월이의 말을 듣고 수와 세영이는 서로 쳐다보며 말했어요.

"그런데 이미 사람들은 삼촌이라는 호칭에 익숙해졌잖아? 아버지의 형제들은 다 그렇게 부르니까."

"그러고 보니 이모라는 호칭도 넓게 쓰이고 있어. 원래는 엄마의 자매들을 부를 때 쓰는 호칭인데 말이야."

그때 세윤이가 대화에 끼어들며 소리쳤어요.

"우리 동네에도 이모들 많은데! 슈퍼 아줌마도 이모, 식당 아줌마도 이모, 이웃집에도 이모들이 많아요!"

수는 이때다 싶어 세윤이에게 핀잔을 주었어요.

"그 이모들은 다 가짜야. 그냥 편하게 부르려고 하는 거지 진짜 이모는 아니라고."

"그나저나 소월이는 어쩜 그렇게 잘 아니? 방학마다 청학동 예절 학교라도 다니는 거니?"

수의 엄마는 소월이의 촌수 지식에 놀라며 말했어요. 청학동이라는 말에 소월이는 당황하며 수를 쳐다봤어요. 수는 그냥 넘어가라는 듯 고개를 끄덕거리며 신호를 주었어요.

"아, 네. 할아버지가 기본적으로 알아야 한다고 해서……."

"친척들 오기 전에 소월이한테 한수 배워야겠다. 호호호"

수는 떼쟁이인 줄만 알았던 소월이가 새롭게 보였어요.

"저도 잘 알아요. 설마, 소월이보다 모르겠어요?"

갑자기 세영이가 끼어들었어요.

"일단 촌수가 뭔지 부터 아는 게 순서죠! 촌수는 '마디 수'라는 뜻이에요. 혈족과의 거리를 나타내는데 촌수가 가까울수록 나와 가까운 친척이라고 생각하면 돼요. 나와 부모님은 1촌, 형제나 자매와는 부모님의 1촌을 더해서 2촌 그리고 할아버지와 할머니와도 2촌이죠. 어때요? 생각보다 쉽죠?"

그때 소월이가 세영이의 말을 가로막았어요.

"잠깐만요. 그건 정확히 말해 옳은 말이 아니에요."

"왜? 부모님과 나는 1촌이니까 거기다 1촌을 더해서 2촌이 맞잖아. 네가 잘못 알고 있는 거 아니니?"

세영이가 똑 부러진 목소리로 아는 척을 했어요.

"아니에요. 촌수를 따지려면 직계와 방계를 먼저 알아야 해요. 직계란 할아버지-아버지-아들과 같이 곧바로 이어 나가는 관계를 말해요. 방계란 형제나 사촌 형제 등과 같이 같은 부모에서 갈라지는 관계를 말하죠. 직계가 세로 관계이고 방계는 가로 관계라고 생각하면 쉬워요. 그런데 촌수는 직계의 가깝고 멀고를 나타내는 것이 아니라 방계의 관계를 나타내는 거예요. 그러니까 직계 가족인 저와 할아버지, 할머니는 촌수를 따지면 안 되는 거죠."

"어, 네 말을 듣고 보니 수업 내용이 생각나네. 맞아, 내가 착각을 했나 봐. 하하!"

세영이는 멋쩍은 듯 웃었어요. 수첩까지 꺼내 들어 열심히 받아 적던 수가 고개를 갸웃거렸어요.

"아버지나 어머니의 3촌까지는 알겠어. 그런데 친척 어른 분들이 당숙이니 재종이라는 단어를 쓰면 아리송하다는 말씀이지."

수가 작게 한숨을 쉬자, 소월이가 물 만난 물고기처럼 신나게 읊었어요.

"당숙은 종숙과 같은 말이야. 아버지의 사촌 형제를 말하는 거고, 촌수로 따지면 5촌에 해당 돼. 재종 형제는 당숙의 자녀이고 6촌에 해당되는 거지."

그때까지 가만히 듣고만 있던 세윤이가 거들먹거리며 수 앞에 섰어요.

"자, 조카! 배운 대로 불러 봐!"

"뭐야, 이 꼬맹이가!"

수가 발끈하자 모두들 까르르 웃었어요.

소월이의 옷장 속 노트

조선 시대 왕은 직계여야 한다!?

조선 시대에는 원칙적으로 왕과 왕비의 자식(직계)이 대를 이어야 했어. 하지만 자식이 없을 경우 사촌이나 같은 성씨를 쓰는 사람(방계)이 왕위를 이었지.

선조는 조선시대 최초로 직계가 아닌 방계에서 임금이 되었어. 명종(제13대)는 자식 없이 세상을 떠났고, 선조는 중종(제11대)의 서자 첩의 아들 였던 덕흥군의 셋째 아들이었다.

선조는 자신이 직계 자손이 아니라는 사실에 열등감을 느꼈다고 해. 그래서 그의 아버지 덕흥대원군을 덕종으로 추존 왕위에 오르지 못하고 죽은 이에게 특별한 호칭을 만들어 주는 일 했지만 선조가 세상을 떠나고 나서는 원 상태로 돌아가고 말았어.

헷갈리는 높임말

수와 소월이는 거실에서 아이스크림을 먹고 있었어요.

"이런 맛은 처음이야. 시원하고 달콤하고 음, 집에 갈 때 꼭 가져가야지."

입술에 묻은 아이스크림을 핥으며 소월이는 중얼거렸어요. 수는 어림도 없는 소리라는 걸 알았지만 잠자코 있었어요. 어느새 낮잠에서 깬 세윤이가 수가 들고 있는 아이스크림을 발견하고 다가왔어요.

"엄마! 세윤이한테 아이스크림 좀 갖다 줘."

"냉장고에 있어. 엄마 바쁘니까 네가 좀 와."

부엌에서 한창 바쁜 엄마가 대답했어요. 숟가락 위에 아이스크림을 듬뿍 올리면서 소월이는 혼잣말을 했어요.

"나한테는 가정 교육이 어쩌고저쩌고 하더니……. 어머니가 딱 동무네."

"내가 뭐?"

"어머니를 존대하는 걸 통 못 봤으니까 말이야. 어른한테 그렇게 반말을 하다니……. 우리 집안에서는 절대로 있을 수 없는 일이라고!"

소월이는 아무렇지도 않은 척 아이스크림을 먹었어요.

"소월이 말이 백 번 맞네. 한 번도 엄마한테 이랬어요, 저랬어요, 하는 소리를 못 들었어. 유독 엄마한테만 그렇지?"

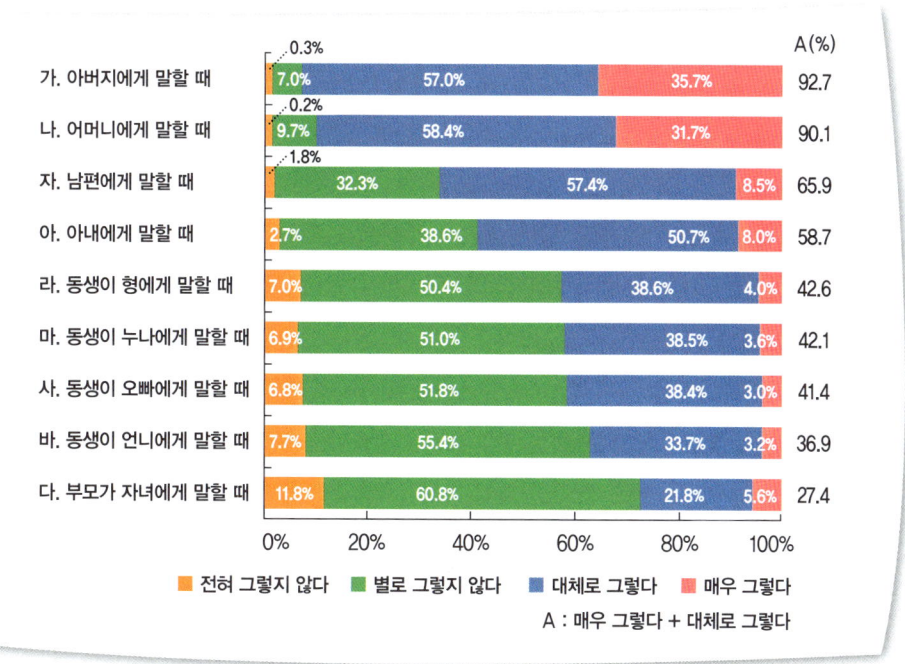

가정에서 높임말을 써야 할까?
2010년 국립국어원에서 우리나라 국민 5,000명을 대상으로 한 설문 조사 결과

엄마가 부엌에서 나와 소월이 편을 들었어요.

"그야, 엄마가 편하니까 그렇지. 나도 다른 어른들한테는 높임말을 쓴다, 뭐."

수는 괜히 억울한 생각이 들었어요.

"그래? 그나마 다행이네."

엄마는 피식 웃었어요.

"밖에서만 높임말을 쓰면 뭘 해? 가장 가까운 부모님한테 써야지."

소월이가 한마디 내뱉었어요. 그러자 부엌에서 세윤이가 아이스크림을 들고 나와 으스대며 말했어요.

"나는 높임말 잘 한다요."

수는 어이가 없어 입이 떡 벌어졌어요.

"너 지금 그걸 높임말이라고 쓴 거야?"

"학교에 가면 다 그렇게 끝에 '요'를 붙인단 말이야."

"끝에 요만 붙이면 다 높임말인가? 제대로 알고 써야지."

수는 심통이 나서 말했어요. 엄마가 웃으며 말했어요.

"너도 만날 아빠한테 '진지 드세요' 대신 '밥 드세요' 그러지 않니?"

엄마의 말에 수는 괜히 부끄러운 생각이 들었어요.

"엄마, 높임말이 생각보다 어렵단 말이야. 그리고 왠지 창피해."

"높임말을 사용하지 않는 걸 창피하게 여겨야 하는 거 아니니?"

엄마는 나물을 다듬으며 수를 바라봤어요.

"알았어. 알았다고! 선생님한테 높임말을 어떻게 써야 하는지 물어보고 공부할 거라고."

"또, 틀렸어. 물어보고가 아니라 여쭤 본다고 해야 맞는 거야."

"이러다 아무 말도 못하겠어!"

수는 머리를 절레절레 흔들었어요.

"자, 이제 수와 소월이는 엄마랑 함께 나물을 다듬자꾸나. 높임말 공부도 좋지만 엄마부터 좀 도와주렴."

나물을 다듬는 엄마 손은 엄청 빨랐어요. 수는 소월이와 함께 엄마 옆에 앉아 일을 돕기 시작했어요. 슬금슬금 엄마의 눈치를 보던 수는 문득 할머니가 생각났어요.

"할머니도 우리 집에서 자고 가?"

소월이가 다시 수를 타박했어요.

"주무시고 가냐고 해야지! 할머니랑 친구도 아니고 참 답답하네."

"나도 알아. 말이 잘못 나와서 그런 거야. 실수야 실수!"

수는 촌수도 그렇고 높임말도 그렇고 술술 대답하는 소월이가 다르게 보였어요. 아니나 다를까 엄마가 소월이를 기특하게 바라봤어요.

"소월이가 수 선생님 해 주면 되겠다. 높임말은 괜히 심심해서 쓰는 게 아니야. 높임말에는 어른을 존경하는 마음이 담겨 있어. 아줌마 말이 맞지?"

"네."

소월이는 조신하게 대답을 했어요.

"수야, 소월이한테 높임말을 잘 배워서 쓰도록 해. 알았지?"

"으응."

수는 엄마에게 마지못해 대답했어요. 소월이는 나물을 다 다듬고 당당하게 일어서더니 바구니를 들고 부엌으로 들어갔어요. 수는 그런 소월이를 얄미운 듯 바라보았어요.

소월이의 옷장 속 노트

틀리기 쉬운 높임말

높임말은 사람이나 사물 따위의 대상을 높여 이르는 말을 뜻해. 하지만 무조건 상대방을 높여 말하다 보면 틀린 표현을 사용할 수도 있어.

* **잘 모르는 어른에게는 굳이 높임말을 쓰지 않아도 돼.**
(예) 농부가 일을 하고 계셨다. (×)
　　 농부가 일을 하고 있었다. (○)

* **역사적 인물에게는 높임말을 쓰지 않아.**
(예) 이순신 장군께서 왜적을 물리치셨다. (×)
　　 이순신 장군이 왜적을 물리쳤다. (○)

* **어른이 가지고 있는 물건이나 물건 자체에는 높임말을 쓰지 않아.**
(예) 선생님, 책이 많으시네요. (×)
　　 선생님, 책이 많군요. (○)
　　 선생님 말씀이 계시겠습니다. (×)
　　 선생님 말씀이 있겠습니다. (○)

* **무조건 높인다고 높임말이 아니야. 무분별한 사용은 좋지 않아.**
(예) 주문하신 햄버거 나오셨습니다. (×)
　　 주문하신 햄버거 나왔습니다. (○)

* **듣는 사람보다 낮거나 나보다 높은 사람에 관해 이야기할 때는 높임말을 쓰지 않아.**
(예) 할머니, 어머니께서 방금 오셨어요. (×)
　　 할머니, 어머니가 방금 왔어요. (○)

토론왕 되기!

족보가 필요 없는 사회?

족보는 한 가족의 계보 조상 때부터의 혈통과 집안 역사를 적은 책를 기록한 책을 말한다. 족보는 중국 후한시대에 왕실의 계보를 기록한 것이 시초이다. 우리나라는 조선 시대에 들어와 유교가 널리 퍼지면서 왕실에서 먼저 체계적인 족보를 만들었다. 당시 왕은 많은 처첩과 자녀들을 거느렸기 때문에 위계 질서를 확립할 필요가 있었다. 양반들은 집안끼리의 결속력 뭉치는 힘을 강화하고 하층민과 자신을 구별하는 데 족보를 이용했다.

족보는 철저히 남자 중심의 기록물이다. 딸은 사위의 이름으로 올려지고, 부인의 경우에는 친아버지나 가문의 이름난 조상이 기록된다. 이는 불과 몇 년 전까지 시행되었던 '호주제'와 남성 중심의 가족을 대표한다는 데서 공통점을 지닌다. 호주제란 가족을 대표하는 남성 가장(호주)이 재산이나 가족의 결혼 등에 대해 가장 막강한 권리를 행사하는 제도이다. 호주제는 가족 간 수직 관계나 남성에게 유리한 호주 승계 다른 사람의 권리나 의무를 이어받는 일를 강요하고 있어서 남아 선호 사상과 여아 낙태의 문제가 발생하였다. 호주제 폐지를 주장하는 목소리는 오래전부터 계속됐지만 일부 세력의 강력한 반대에 부딪히기 일쑤였다. 그러던 중 여아 낙태의 심각성을 깨달은 한의사 고은광순 씨의 주도로 1998년 '호주제 폐지를 위한 시민의 모임'이 만들어졌고, 2년 뒤 113개 단체가 참여하는

'호주제 폐지를 위한 시민연대'로 발전했다. 뜻을 같이 하는 사람들이 소송을 준비하는 등 부단하게 노력한 끝에 호주제는 2001년 1월, 90년 만에 역사 속으로 사라지게 됐다.

족보의 경우 아직까지 꽤 남아 있지만 실제로는 좀처럼 찾아보기 힘들다. 자신의 조상이 누구인지, 심지어 증조할아버지, 증조할머니가 어떤 분이셨는지, 함자 남의 이름을 높여 일컫는 말 는 어떻게 되는지 궁금해하는 사람은 많지 않다. 족보가 없거나 선조(조상)를 모른다고 해도 세상을 살아가는 데 전혀 지장이 없는 데다 공동체보다는 개인의 삶을 중요시하는 생각이 널리 퍼져 있기 때문이다. 이것이 과연 옳은 생각일까?

족보의 경우 한 성씨의 역사를 기록한 것이기 때문에 집안 문서임과 동시에 공문서 공공기관이나 단체에서 작성한 서류 라고 할 수 있다. 최근에는 족보에 딸이 아닌 사위를 기록했던 전통적인 방식을 벗어나 딸의 이름을 싣고 사위명을 뒤에 덧붙이거나 외손자의 이름을 싣기도 한다. 또한 인터넷 족보도 활발해져 손쉽게 족보를 기록하고 검색할 수 있다. 호주제 폐지를 포함한 가족법과 족보의 기록 방식도 시대의 변화에 맞게 고치는 것이 필요하다. 전통적인 관습이기 때문에 무조건 거부하는 것이 아니라 아름다운 장점은 현대의 성격에 맞게 바꾸어 이어나가는 노력을 하는 것이 어떨까?

틀린 높임말 찾기

수가 높임말을 쓰고 있어요. 바르게 사용되지 않은 말을 찾고 그 이유도 함께 말해 봐요.

1. 할머니, 어머니께서 방에 계세요.

2. 세종대왕이 한글을 만들었다.

3. 선생님 말씀이 계시겠습니다.

4. 주문하신 피자 배달 왔습니다.

5. 교통경찰이 호루라기를 불었다.

정답 ① ×, 할머니, 어머니가 방에 있어요. (높은 사람보다 낮은 사람이 더 높게 표현된 경우 높임말을 쓰지 않는다.)
② ○
③ ×, 선생님 말씀이 있으시겠습니다.
④ ○
⑤ ○
(아들이 가지고 있는 물건이나 군인, 경찰에는 높임말을 쓰지 않는다.)

5장
가족의 의미를 찾아서

가족이 왜 필요할까?

소월이는 수의 침대에서 뒹굴거렸어요. 과자를 쩝쩝거리면서 뭐가 그리 좋은지 키득거렸지요.

"언제까지 우리 집에 있을 거야? 엄마가 말은 안 해도 이상하게 생각하실 거란 말이야."

"얼마나 있었다고 눈치를 주는 거야? 치사해서 간다, 가. 하지만 지금은 말고."

소월이는 과자를 한입에 털어 넣었어요. 수는 자기 침대에 떨어진 과자 부스러기를 언짢게 바라보다가 벌떡 일어났어요.

"어디 가?"

"이모네 놀러 가려고."

"나도 같이 가자."

수는 못마땅한 얼굴로 소월이를 데리고 가까이 사는 이모네 집으로 향했어요. 이모네 집으로 가는 내내 소월이는 눈도 깜박이지 않고 '와, 와' 탄성만 질렀어요. 길거리에는 소월이가 태어나서 처음 보는 것들이 가득했으니까요. 수는 진작 데리고 나올걸 그랬나 싶어 살짝 미안한 마음이 들었어요.

"여기가 이모네 집이야."

수가 초인종을 누르자 제일 먼저 강아지 짖는 소리가 들렸어요. 소월이는 자기 귀를 의심했어요.

"어서 와. 언니가 말한 친구가 이 친구구나."

이모는 수와 소월이를 반갑게 맞았어요. 그런데 털이 북슬북슬한 강아지 한 마리가 따라 나와 요란하게 짖는 게 아니겠어요? 소월이는 흠칫 놀라서 수 뒤에 숨었어요.

"똘똘아, 잘 있었어? 이 언니가 얼마나 보고 싶었는지 알아?"

수는 눈이 까만 강아지를 안으면서 쓰다듬어 주었어요. 똘똘이는 꼬리를 살랑살랑 흔들었어요.

"캬악! 사람이랑 강아지랑 집 안에서 같이 산단 말이야?"

입을 다물지 못하는 소월이를 보고 이모는 이해할 수 없다는 표정을 지으며 어깨를 으쓱거렸어요.

수가 소파에 앉아 서랍장 위에 놓인 액자를 눈여겨보며 말했어요.

"어? 저 사진은 못 보던 사진이네요."

"응, 나랑 똘똘이랑 찍은 가족사진이야. 어때, 우리 똘똘이 잘 나왔지?"

"저 강아지가 가족이라고요? 집을 지키는 강아지가 어떻게 가족이에요?"

소월이는 말도 안 된다는 듯이 물었어요.

"강아지가 집을 지키는 일만 하는 것은 아니야. 요새는 '반려 동물_{사람과 더불어 사는 동물}'이라고 하잖니? 이 똘똘이는 내 자식처럼, 때로는 친구처럼 가족의 빈자리를 채워 주는 또 다른 가족이야. 난 혈연_{핏줄로 이어진 인연}으로 이어진 관계가 아니더라도, 꼭 사람이 아니더라도 가족이 될 수 있다고 생각해. 우리 똘똘이처럼 말이지."

이모의 말을 들은 소월이는 마지 못해 고개를 끄덕였어요.

"수는 이웃사촌이라는 말 들어 봤지? 이웃끼리 서로 도와주며 가족같이 챙겨 주고, 친형제처럼 지내는 이웃을 사촌처럼 가깝다 해서 이웃사촌이라고 하잖아."

"네, 맞아요. 우리도 이사 오기 전에 정아네랑 친하게 지냈어요. 밥도 같이 먹고 여행도 같이 가고 멀리 사는 친척들보다 더 가깝게 지냈어요. 힝, 갑자기 정아가 보고 싶네."

수는 소꿉친구인 정아 생각에 코끝이 찡해졌어요.

"그러니까 수 이모 말씀은 서로 아끼고 보살펴 주면서 사랑을 나누는 것이 진정한 가족이라는 거죠?"

소월이가 말하자 이모가 활짝 웃으며 대답했어요.

"역시 듣던대로 똑똑하구나! 오랜만에 왔는데 똘똘이랑 산책도 하고 맛있는 것도 먹을까?"

이웃도 친척이 될 수 있다?
이웃사촌은 서로 가까이에 살면서 사촌 형제처럼 서로 정을 나누는 가까운 이웃을 말한다.
사진은 함께 김장을 하는 적십자 자원 봉사자들의 모습.

"와, 좋아요!"

이모 말이 떨어지기 무섭게 소월이는 신발을 신었어요. 이모, 수와 함께 가까운 공원으로 나온 소월이는 눈이 휘둥그레졌어요. 그네, 미끄럼틀, 시소, 정글짐…… 재미있어 보이는 놀이 기구가 한가득이었거든요.

"이젠 어지러워서 못 타겠어."

소월이는 한참동안 뱅뱅이를 타다가 비틀거리며 벤치에 앉았어요.

"그러기에 좀 쉬엄쉬엄 타야지. 쯧쯧."

수는 혀를 찼어요.

"언니, 저기 좀 봐."

함께라서 좋아! 우리는 가족

소월이가 수를 툭툭 쳤어요. 그곳에는 한 남매가 그네를 서로 타겠다고 다투고 있었어요.

"나도 오빠랑 투닥거릴 때 많은데. 그런데 엄마가 그럴 때마다 오빠 편을 든다니까?"

수는 운동화 코로 땅을 문질렀어요.

"하하, 그래도 평소에는 널 더 챙겨 주시잖니. 게다가 아빠는 무조건 수 편이시지?"

똘똘이를 데리고 산책을 갔던 이모가 수 옆에 앉으며 말했어요.

"그야 뭐……."

"다투기도 하고 힘든 일도 같이 겪어야 가족으로서 더 단단해지는 것이 아닐까?"

이모의 말이 수의 가슴에 깊이 들어왔어요.

"수랑 소월이는 왜 가족이 필요하다고 생각하니?"

갑자기 이모가 뜬금없이 묻자 수는 어리둥절했어요. 소월이도 마찬가지였지요.

"음, 아직 어리니까요? 먹는 것도, 잠잘 곳도 필요하고 아직 모르는 게 많아서 부모님의 도움이 필요하잖아요."

"집에서 가정교육도 제대로 받아야 바른 어른이 될 수 있어요."

수와 소월이는 번갈아 가며 자기 생각을 말했어요.

"후후, 맞아. 물질적으로나 정신적으로 너희들을 지켜주는 울타리가 바로 '가족'이라고 생각하면 돼. 너희들은 그 울타리 안에서 보호를 받을 뿐 아니라 살아가며 필요한 부분들을 배우는 거고. 또 그래야만 나중에 너희가 어른이 되어 다시 새로운 가족의 울타리를 튼튼하게 만들 수 있게 되지."

수는 어떤 이야기든 쉽게 설명해 주는 이모가 좋았어요.

"이모, 가족끼리 사랑하고 의지하면 어떤 문제든 해결할 수 있을 것 같아요!"

"당연하지!"

"음, 그럼 오늘 집에 가면 오빠 방 청소를 해 줘야겠어요. 사실, 오늘 아침에 다퉜거든요. 오빠가 학원에서 돌아와 깨끗해진 방을 보면 금방 기분이 풀리겠죠? 헤헤."

수의 옷장 속 노트

가족 회의 한번 해볼래?

가족을 이루는 한 사람 한 사람을 가족 구성원이라고 해. 가족 구성원이 가지고 있는 문제나 고민들을 해결하기 위해 가족이 한데 모여서 의견을 나누는 것을 가족 회의라고 하지. 가족 회의에서는 할아버지, 할머니, 아빠, 엄마, 나, 동생이 모두 의견을 말할 수 있어. 어른이라고 해서 어린이의 말을 중간에 자르거나, 부모님의 의견이 마음에 들지 않는다고 떼를 쓴다면 가족 회의가 제대로 이루어지지 않아. 서로를 존중하고 의견을 인정하는 자세가 무엇보다도 중요하지.

가족 회의를 하려면 먼저 주제를 정해. 예를 들면 '집에서 강아지를 키울 것인가? 집안일을 어떻게 나누어서 할 것인가?' 등이 있겠지. 주제를 정한 후에는 가족 회의를 진행할 사회자와 내용을 정리할 사람을 정해서 가족의 의견들을 들어 보고 결정을 내리는 거야. 가족 회의는 가족 간의 대화와 친밀함이 더 깊어질 수 있는 기회를 주지. 가족 회의를 통해서 모르고 있던 서로의 속마음을 알게 되고 자기도 모르게 오해했던 부분들까지 풀 수 있어.

이모는 기특하다는 듯 수의 머리를 쓰다듬었어요. 소월이는 어느새 똘똘이를 안고 있었어요.

"소월아! 너 똘똘이 싫어하는 거 아니었어?"

"싫어한 적 없어. 단지 처음에 똘똘이가 가족이라는 게 이해가 안 되었던 것뿐이지."

소월이는 새침하게 똘똘이를 데리고 앞서 걸어갔어요.

완전한 가족이란 게 있을까?

"세상에 완전한 가족이 있을까요?"

곰곰이 생각하던 수가 이모를 빤히 쳐다보았어요. 수는 매일같이 오빠랑 싸우고, 오빠는 성적 때문에 부모님한테 혼이 나고, 아빠는 말이 너무 많고, 엄마는 자주 덤벙대고……. 가족 구성원 어느 누구 하나 완벽하지 않다고 생각했거든요.

"완전한 가족이라……. 어딘가에 있을지도 모르겠네. 그런데 이모는 불완전한 가족이 좋아."

"불완전한 가족이 좋다고요? 왜요?"

수와 소월이는 이모의 생각을 읽을 수가 없었어요.

"불완전한 가족은 항상 노력할 수 있잖아. 서로를 이해하려고 또 배려하고 감싸기 위해 노력하면 가족 간의 사랑이 더욱 단단해 질 거야. 벽돌을 차근차근 하나씩 쌓아 튼튼한 건물을 짓듯이 말이야."

"벽돌이요? 혹시 집안일을 가족들이 다 나눠서 하는 것도 이모가 말하는 벽돌이에요?"

"맞아. 그것도 벽돌이야, 후후. 부모가 자녀를 돌보듯이 자녀가 부모를 존경하는 것도 하나의 벽돌이지. 부모가 나를 보살펴 줬으니까 말을 잘 들어야 한다는 식의 의무감을 가지는 건 바람직하지 않아. 서로 아끼고 사랑하는 마음에서 우러나오는 행동들이어야 하는 거지."

이모의 말에 수는 또 다른 벽돌을 생각해 보았어요.

"형제자매가 사이좋게 지내는 것도 벽돌, 맞죠?"

"딩동댕!"

"가족을 이루는 구성원들은 누구나 똑같이 소중해. 가끔 가족이라는 이름으로 서로에게 함부로 행동하고 상처를 주는 경우가 있는데 그러면 그동안 잘 쌓아 왔던 벽돌도 무너지고 말 거야."

"전 엄마가 노크도 안 하고 방문을 벌컥 벌컥 열 때 정말 화가 나요. 엄마는 딸이랑 엄마 사이인데 어떠냐고 그러지만, 저도 숨기고 싶은 비밀이 있다고요!"

"하하, 이제 수도 비밀이 생길 나이구나. 그럴 땐 무조건 화를 낼 게 아니라 엄마랑 대화를 해 보는 게 어떠니? 수의 편인 아빠도 함께하면 더 든든하겠지?"

"네, 꼭 그래 볼게요!"

수는 이모를 보며 씩씩하게 대답했어요.

"가족 관계를 끈끈하게 만들어 주는 비결이 뭔지 알아? 그건 바로 아무리 가까운 사이인 가족이라도 '고맙다, 사랑한다, 미안하다'와 같은 표현을 자주 하는 거야."

"고맙습니다는 하겠는데 사랑한다는 말은 하기가 좀 그래요. 살짝 부끄럽지 않아요?"

언제 왔는지 소월이가 불쑥 끼어들었어요. 수는 소월이의 말을 이해할 수 있었어요.

"처음에는 쑥스럽겠지만 하다보면 자연스러워질 거야. 그리고 또 하나! 조금 더 넓은 의미에서 가족을 생각해 보면 나와 소월이도 가족이라고 할 수 있단다."

"엥? 이모, 그건 아니에요. 소월이는 이모랑 오늘 처음 보는 사이인데 가족으로 묶는 건 억지에요."

소월이와 수는 서로를 바라보았어요. 그러자 이모가 차근차근 설명했어요.

"하하, 아주 넓은 범위의 가족을 말할 때 그렇다는 거야. 지구는 하나, 지구촌 가족이라는 말, 들어 봤니? 우리가 쓰고 입는 모든 것들은 누군가의 도움을 받아야만 얻을 수 있어. 그리고 우리의 작은 나눔이 나의 행복에서 가족의 행복으로, 더 나아가서는 사회와 나라로 퍼지고, 나중에는 세계로 퍼져 나간단다. 우리는 서로에게 어떤 방식으로든 연결이 되어 있으니까!"

토론왕 되기!

백설 공주를 통해서 본 가족 이야기

백설 공주가 태어났을 때의 가족의 형태는 왕(아버지)과 왕비(어머니) 그리고 딸(공주)로 이루어진 **핵가족**이었다. 여왕은 눈처럼 하얀 피부, 앵두처럼 붉은 입술, 검은 비단 같은 머리카락을 가지고 태어난 딸에게 '백설'이라는 이름을 지어 주었다. 하지만 행복했던 순간은 잠시, 왕비는 얼마 되지 않아 세상을 떠난다. 시간이 흐르고 왕은 새 아내를 맞이한다. 백설 공주에게 **새 어머니**가 생긴 것이다. 하지만 그 순간 가족 간의 틈이 생기기 시작한다. 새 왕비가 백설 공주의 외모를 질투하기 시작한 것이다. (새 어머니가 남편의 전 부인이 낳은 자식을 사랑하지 않는다는 설정은 오해를 불러일으킬 수 있다. 백설 공주뿐만 아니라 명작동화 '신데렐라'나 전래동화 '콩쥐팥쥐'에 등장하는 새 어머니도 모두 질투가 심하고 나쁜 심성을 지니고 있는데 실제로 그렇지 않은 경우도 많다.)

어쨌든 새 왕비는 백설 공주를 자신의 딸로 받아들이지 못하고 결국 해치려고 한다. 처음에는 사냥꾼을 시켜 목숨을 앗으려고 했지만 마음이 약한 사냥꾼이 실패하자 자신이 직접 사과를 파는 할머니로 분장해 백설 공주에게 독 사과를 먹인다. 새 왕비는 어린 딸을 보살피는 의무를 저버렸다. 현대 사회 법정에 새 왕비를 세운다면 수많은 죄목을 달 수 있다. 특히 아동 학대라는 끔찍한 죄는 지울 수 없다.

여러 번의 죽을 고비를 넘기는 동안 항상 백설 공주 곁에 있었던 사람은 다름 아닌 일곱 명의 난쟁이들이었다. 길을 잃은 백설 공주에게 음식과 따뜻한 잠자리를 주었고 머물 수 있는 집을 주었다. 그것도 낯선 사람에게 말이다. 또한 독 사과를 먹고 쓰러진 백설 공주를 위해 가족처럼 슬퍼했던 이들도 왕도 새 왕비도 아닌 일곱 난쟁이들이었다. 이들이 없었다면 왕자와의 만남도 순탄 아무 탈 없이 순조로움 하지 않았을 것이다. **혈연관계**도 아닌 백설 공주를 사랑으로 보살펴 주고 지켜준 일곱 난쟁이들이야말로 **진정한 가족**이 아닐까?

만약 백설 공주의 친어머니가 죽지 않았더라면? 백설 공주의 새 어머니가 성품이 고왔다면? 일곱 난쟁이가 백설 공주를 다시 궁궐로 돌려보냈다면? 일곱 명의 난쟁이 가운데 몇 명이 백설 공주와 함께 집에 남아 새 어머니가 건네준 독 사과로부터 공주를 당당하게 지켜냈다면? 만약 그랬다면, 백설 공주의 가족 이야기가 어떻게 바뀌었을지 한번 상상해 보는 일도 신 나지 않을까?

에필로그

수와 소월이는 이모를 만나고 집으로 돌아왔어요. 그런데 소월이가 계속 자신의 옷장 앞에서 서성이는 게 아니겠어요?

"아무리 봐도 이상하단 말이야."

소월이가 고개를 살래살래 흔들었어요.

"이상하긴 뭐가 이상해? 또 무슨 사고를 치려고!"

"사고는 무슨! 꼭 내 옷장 같아서 말이야. 크기도 비슷하고 생김새도 똑같은데……."

"그렇게 낡은 옷장이야 여기저기 널려 있겠지. 나는 필요 없는데 너라도 가져갈래? 난 새 옷장 사 달라고 할 거야."

"이렇게 무거운 걸 어떻게 들고 가? 아니 그게 문제가 아니지. 이게 없으면 어떻게 여길 와?"

소월이는 투덜거리며 옷장 이곳저곳을 살펴보았어요. 바로 그때였어요. 소월이가 소스라치듯이 외쳤어요.

"어어, 이건? 말도 안 돼! 언니, 여기로 와 봐! 빨리!"

"왜 무슨 일이야?"

수는 소월의 곁으로 달려갔어요. 소월이는 옷장 안쪽을 뚫어지게 쳐다보고 있었어요. 소월이가 가리키는 옷장 안 오른편 구석에는 '소월'이라는 글자가 희미하게 새겨져 있었어요.

"뭐야, 언제 네 이름을 새겼어?"

"아니, 그런 게 아니라……. 분명히 우리 집에서 새긴 이름인데 왜 언니네 옷장에 똑같이 새겨져 있지?"

"뭐? 잠깐! 이 옷장이 네가 사용했던 옷장이랑 똑같이 생겼다고 했지? 난 이 옷장을 통해 너희 집으로 갔었고……. 아, 복잡해!"

그때 갑자기 수의 머릿속을 스쳐 지나가는 생각이 있었어요. 혹시 이 옷장이 소월이가 쓰던 옷장이 아니었을까? 엄마는 이 옷장이 대대로 내려오는 가보라고 그랬는데……. 그럼 소월이는 누구지? 혹시……. 수는 깜짝 놀라 더는 생각할 것도 없이 방 밖으로 뛰어나갔어요.

"엄마! 아빠!"

수가 부모님과 함께 자기 방으로 돌아왔을 때 소월이는 보이지 않았어요.

"뭐야, 또 갑자기 가버리다니."

수의 눈길이 옷장에 머물렀어요. 수는 설마 하는 마음으로 옷장 문을 열었지만 옷장 속에는 아무도 없었지요.

다음날 학교에서 돌아온 수는 방으로 들어와 옷장부터 확인했어요. 그런데 방 한쪽에는 새 옷장이 마련되어 있었어요. 수는 깜짝 놀라 엄마를 불렀어요.

"엄마! 옛날 옷장은 어디 있어?"

"하도 낡아서 네가 바꿔 달라고 노래를 불렀잖니. 그래서 아침에 갖다 버렸어. 대대로 내려오던 가보라 아깝기는 했지만 사실 지금 쓰기에는 무리가 있고 해서……."

"엄마! 나한테 묻지도 않고 버리면 어떡해! 으앙!"

수는 그만 울음을 터뜨리고 말았어요. 하지만 깨끗한 새 옷장에서는 아무런 반응도 없었답니다.

가정 관련 사이트

건강 가정 지원 센터 www.familynet.or.kr
가족에게 필요한 다양한 복지 서비스를 제공하기 위해 만든 우리나라 복지 기관의 홈페이지예요. 가족 문제가 일어나는 것을 미리 예방하고, 일반 가족 및 다양한 가족을 위해 통합적인 가족 지원 서비스를 제공하지요. 가족 상담, 가족 교육, 가족 돌봄 서비스를 제공하며 가족이 함께 많은 시간을 보내고 서로 이해할 수 있도록 여러 가지 프로그램도 진행하고 있어요.

다누리 www.liveinkorea.kr
여성가족부에서 운영하는 다문화 가족 지원 포털 사이트예요. '다누리'란 다문화를 상징하는 '다'와 홈페이지의 순우리말인 '누리집'을 합친 말이지요. 다누리에서는 다문화와 관련된 최신 정보와 뉴스를 볼 수 있고 한국 생활 관련 정보도 동영상으로 제공해요. 또한 다문화 관련 학습 자료와 한국어, 요리 등의 교육 자료를 볼 수 있지요. 다누리는 한국어, 영어, 중국어, 베트남 어, 캄보디아 어, 타갈로그 어로 서비스 되고 있어요.

뿌리를 찾아서 www.rootsinfo.co.kr
나의 성씨는 어떻게 유래되었을까요? '뿌리를 찾아서' 사이트에서는 가나다 순으로 정렬된 성씨를 클릭하면 각 성씨의 본관과 유래, 인구 수를 볼 수 있어요. 또 조상 가운데 과거에 급제한 분들도 찾아볼 수 있지요. 또한 족보가 갖는 의의와 역사를 비롯해 족보의 종류에 대해서도 익힐 수 있어요. 어려운 촌수 따지는 법도 유익한 볼거리이고, 고조선부터 조선, 대한 민국에 이르기까지 역대 왕과 대통령들의 연대표도 실었어요. 정보통신윤리위원회 '청소년 권장사이트'로 지정 받기도 했답니다.

어려운 용어를 파헤치자!

가계도 가족·친척 간의 관계를 빠르게 알아보고 관련 정보를 손쉽게 얻기 위해 그린 그림

가구(家口) 한 집, 두 집처럼 같이 사는 사람들로 이루어진 집단을 세는 단위

가부장제 집안의 남자 어른이 가족에 대해 절대적인 권력을 가지는 가족 형태

가정(家庭) 가족이 함께 모여 사는 집이나 그 공동체

가족(家族) 부부를 중심으로 혼인, 혈연, 입양 등으로 이루어진 집단

농노 중세 봉건 사회에서 영주에게 소속된 농민. 영주가 빌려 준 토지를 경작하는 대가로 세금을 바쳐야 했다.

다문화 많을 다(多)와 문화(文化)가 합쳐진 말로 다양한 나라의 생활 방식을 뜻한다.

데릴사위제 고구려의 결혼 풍습. 신랑, 신부가 혼인을 약속하면 신랑이 신부 집 뒤에 서옥이라는 집을 지어서 아이도 낳고 가족을 이루고 살다가 아이가 다 크면 신부를 데리고 자기 집에 돌아가서 살았다.

무병장수 병 없이 오래 삼

민며느리제 우리나라 고대 국가에서 있었던 결혼 풍습. 신부가 열 살이 되기 전에 약혼을 하고 열 살이 되면 신랑 집에 데리고 가서 살았다. 그리고 어른이 되면 친정집에 잠깐 돌아가 기다리다가, 신랑이 신부의 몸값을 보내오면 그때야 신부가 신랑 집으로 가서 정식으로 혼인을 했다.

반려 동물 사람과 더불어 사는 동물

방계 형제나 사촌 형제처럼 같은 부모에서 갈라지는 관계

봉건 제도 중세 유럽에서 군주가 충성의 대가로 영주에게 토지를 제공하면 영주가 농노를 부려 그 땅을 경작하게 한 제도. 주인과 종의 관계를 기본으로 한 통치 제도로 왕, 귀족, 영주와 그 지배 아래 있는 농노가 기본 계급이었다.

부족사회 하나의 부족을 이루며 생활하는 공동체 사회로 2개 이상의 씨족이 모여서 만들어진다.

삼천갑자 동방삭 중국 전한 시대에 살았던 동박삭이라는 사람이 18만 살이나 살았다는 데서 유래되었다. 장수하는 사람을 비유적으로 이르는 말.

샐러드 볼 이론 다문화 사회를 대하는 두 가지 이론 가운데 하나. 여러 민족의 문화를 각각 인정해 주는 걸 말한다.

세대 함께 사는 사람들의 집단. '가구'가 주소상의 분류를 말한다면 '세대'는 주민등록표상의 분류를 말한다. 예를 들어 결혼한 가정의 자녀가 부모와 함께 살고 있을 경우 1가구 2세대라고 말한다.

씨족사회 원시 사회에서 쉽게 찾아볼 수 있는 부족 사회의 기초 단위. 혈연관계를 중심으로 모인 원시 사회의 형태이다.

용광로 이론 다문화 사회를 대하는 두 가지 이론 가운데 하나. 하나의 지배적인 문화를 중심으로 여러 민족의 고유한 문화들이 그 속에 녹아들어 변화되는 걸 뜻한다.

이민 자기 나라를 떠나 다른 나라로 거처를 옮기는 일.

일부다처(제) 한 남편이 동시에 여러 아내를 두는 가족 형태(혼인 제도). 일부다처의 가족 형태는 이슬람 국가나 아프리카 부족 국가 등에서 발견할 수 있다.

일처다부(제) 한 아내에게 동시에 둘 이상의 남편이 있는 가족 형태(혼인 제도). 지금도 인도 일부와 티베트에서 볼 수 있다.

인류학 인류의 문화, 기원, 특징 등을 연구하는 학문

조공 종속국(독립 국가이지만 다른 나라의 지배를 받는 나라)이 종주국(종속국의 정치, 경제, 군사 등을 지배하는 나라)에게 때에 따라 바치는 물건

직계 할아버지–아버지–아들과 같이 곧바로 이어나가는 관계

촌수 '마디 수'라는 뜻으로 혈족과의 거리를 나타낸다. 직계의 가깝고 멀고를 나타내는 것이 아니라 방계의 관계를 나타낸다.

함 혼인 때 신랑 쪽에서 채단(저고리를 만들기 위한 푸른색과 붉은색의 비단)과 혼서지(혼인할 때 신랑 집에서 신부 집에 보내는 편지)를 넣어서 신부 쪽에 보내는 나무 상자

혈연관계 부모와 자식, 형제와 자매를 기본으로 이루어진 관계

신나는 토론을 위한 맞춤 가이드

가족에 대한 이야기를 재미있게 읽었나요? 이제 박사가 다 되었다고요? 그 전에 마지막 단계인 토론을 잊지 마세요. 토론을 잘하려면 올바른 지식과 다양한 정보가 바탕이 되어야 해요. 책을 다 읽고 친구 또는 부모님과 함께 신나게 토론해 봐요!

잠깐! 토론과 토의는 뭐가 다르지?

토론과 토의는 모두 어떤 문제를 해결하기 위해 의견을 나누는 일입니다. 하지만 주제와 형식이 조금씩 달라요. 토의는 여러 사람의 다양한 의견을 한데 모아 협동하는 일이, 토론은 논리적인 근거로 상대방을 설득하는 일이 중요합니다. 토의는 누군가를 설득하거나 이겨야 하는 것이 아니기 때문에 서로 협력해서 생각의 폭을 넓히고 좋은 결정을 내릴 때 필요해요. 반면 토론은 한 문제를 놓고 찬성과 반대로 나뉘어 서로 대립하는 과정을 거치지요. 넓은 의미에서 토론은 토의까지 포함하는 경우가 많습니다. 토론과 토의 모두 논리적으로 생각 체계를 세우고, 사고력과 창의성을 높이는 데 도움을 준답니다.

토론의 올바른 자세

말하는 사람
1. 자신의 말이 잘 전달되도록 또박또박 말해요.
2. 바닥이나 책상을 보지 말고 앞을 보고 말해요.
3. 상대방이 자신의 주장과 달라도 존중해 주어요.
4. 주어진 시간에만 말을 해요.
5. 할 말을 미리 간단히 적어 두면 좋아요.

듣는 사람
1. 상대방에게 집중하면서 어떤 말을 하는지 열심히 들어요.
2. 비스듬히 앉지 말고 단정한 자세를 해요.
3. 상대방이 말하는 중간에 끼어들지 않아요.
4. 다른 사람과 떠들거나 딴짓을 하지 않아요.
5. 상대방의 말을 적으며 자기 생각과 비교해 봐요.

우리 집 가계도 그리기

나를 기준(시작)으로 하는 우리 집 가계도를 그려 봅시다. 할아버지와 할머니께 전화를 걸어 친척을 최대한 많이 찾아보세요. 이름을 적거나 사진을 오려 붙이면 구성원들의 관계를 더욱 쉽게 이해할 수 있어요.

예)

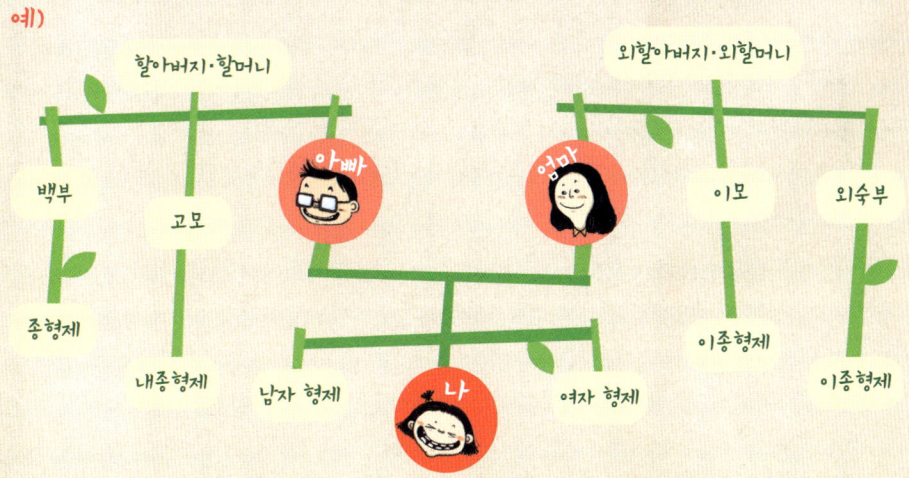

우리 집 가계도

체계적으로 생각하기 2
"다문화"라는 말 자체가 차별?

우리나라는 이제 다양한 나라의 문화가 공존하는 '다문화 사회'가 되었습니다. 그런데 이 '다문화'라는 용어 자체가 제대로 홍보되거나 이해되지 못해 새로운 문제가 생겼어요. 다음 기사를 읽고 친구들과 이야기를 나누어 봅시다.

다문화 가정 어린이는 다문화라는 말이 정책 용어가 되면서 차별이 더 심해졌다고 입을 모았다. 어머니가 베트남 출신인 정희슬(가명) 양도 "왜 베트남 말을 못하냐는 말이 가장 싫어요. 한국에서 태어났고 안 배워서 모른다고 답하면 친구들은 영어와 베트남 말도 못 하면서 무슨 다문화냐고 되물어요"라며 속상해했다.

다문화 가족 지원법을 만든 이후 잇따른 지원 정책이 오히려 다문화 가정 어린이를 위축 시키는 상황에 대해 전문가들은 우려의 목소리를 높이고 있다. 다문화 방과 후 활동, 다 문화 책 지원 사업 등 다문화 가정 어린이만 따로 모아서 진행하는 행사가 자연스러운 화합을 유도하기는커녕 보이지 않는 차별로 이어진다는 얘기다. 필리핀이 고향인 메리 제인 씨는 "아들이 다문화 가정 문화 지원 프로그램으로 경복궁을 두 번이나 갔다 왔다" 며 "이미 경복궁에 다녀온 학생이 많을 텐데 예산 낭비다. 다문화 가정 어린이는 이런 행 사를 오히려 불편해한다"고 지적했다.

한국 건강 가정 진흥원의 고선주 원장은 "학교에 다문화 전문가가 없는 상황에서 예산을 쓰기 위해 다문화 가정 어린이만 따로 모아 행사를 진행하다가 상처를 주는 사례가 적지 않다. 이런 학생만 따로 모으지 않고 다른 학생과 함께 어울려 지내는 데 초점을 맞춰야 한다"고 강조했다.

경제적 지원도 한부모 가정이나 조손 가정 같은 '취약 계층 지원' 안에 포함시켜야 한다 는 지적이 나온다. 다문화만 따로 떼어내 지원하면 '다문화 가정=저소득층'이라는 인식 을 더욱 강하게 할 수 있기 때문이다. 다문화 가정 어린이를 똑같은 기준으로 대우하고 지원해야 더 효율적이다.

동아일보 2013/05/06

1. 현재 다문화 지원 정책의 문제점은 무엇인가요?

2. 우리나라가 올바른 다문화 사회로 나아가기 위해서 나, 학교, 정부는 각자 어떤 노력을 해야 할까요?

나:

학교:

정부:

3. 다문화 가정 어린이를 피부가 검고 가난한 모습으로 묘사한 영화나 드라마는 다문화 가정에 대한 우리들의 편견을 더 키워요. 다문화 가정을 소재로 사용한 책이나 영화, 드라마가 있다면 찾아보고 친구들과 의견을 나누어 봅시다.

논리적으로 말하기
카네이션 대신 복숭아꽃은 어때요?

어버이날에 부모님께 카네이션을 달아 드리는 것은 전 세계의 풍습이 되었어요. 그런데 『조선왕조실록』을 살펴보면 정조가 어머니의 은혜에 감사하기 위해 복숭아꽃을 바치는 이야기가 나와요. 다음 기사를 읽어 봅시다.

"복숭아꽃은 효와 무병장수 병 없이 오래 삶를 의미합니다. 조선 시대의 정조 대왕도 어머니(혜경궁 홍씨)를 위한 궁중 잔치에서 복숭아꽃 3000송이를 바쳤습니다."

수원시 청소년 육성재단 임○○ 이사장은 '효도화(孝桃花)' 달아 주기 캠페인을 시작한 이유를 이와 같이 설명했다. 서울 YMCA 국장, 대한 적십자사 사무총장 등을 지낸 뒤 2010년 12월 재단 이사장에 취임한 그는 이듬해 어버이날부터 카네이션 대신 복숭아꽃 달기 캠페인을 시작했다. 정확하게는 종이로 만든 복숭아꽃이다.

그는 "삼천갑자 아주 오랜 시간을 뜻함 동방삭이 천도 하늘나라에서 난다고 하는 복숭아를 훔쳐 먹고 3000년을 살았다는 이야기가 있다"며 "그만큼 동양에서는 복숭아와 복숭아꽃을 장수의 상징으로 여긴다"고 말했다.

복숭아 꽃

임 이사장은 "한국의 어버이날은 미국의 어머니날을 배경으로 만들어 카네이션을 달아 드리는 게 관습이 됐다"며 "수백 년의 역사와 전통이 있는 만큼 이제 복숭아꽃으로 대체하는 게 바람직하다"고 말했다.

동아일보 2006/09/20

1. 카네이션은 언제부터 어버이날의 상징이 되었나요? 본문에서 찾아 적어 봅시다.

2. 복숭아꽃은 역사 속에서 어떤 의미를 지니고 있으며 어떻게 사용되었나요?

3. 어버이날에 카네이션을 계속 달아 드리는 것이 좋을까요? 아니면 우리나라의 전통에 맞게 복숭아꽃이나 다른 꽃으로 바꾸는 것이 좋을까요?

카네이션을 계속 사용해도 상관없다. VS **가능하다면 다른 꽃으로 바꾸어야 한다.**

가족 회의록을 작성해요!

가족이 함께 모여 의견을 나누는 가족 회의는 가족 구성원을 더 친밀하고 끈끈하게 만들어 줍니다. 실제 가족 회의를 열어 아래 형식에 맞게 회의록을 작성해 봅시다.

〈 가족 회의록 〉

기록한 사람:

날짜		시간	
참석한 사람			
회의 주제			
의견			
반성 및 결과			
기타			
다음 회의 주제			

예시 답안

"다문화"라는 말 자체가 차별?

1. 다문화 방과 후 활동, 다문화 책 지원 사업 등 다문화 가정 어린이만 따로 모아서 진행하는 행사가 구분 짓기를 심화시키고 이는 보이지 않는 차별로 이어진다.
2. **나:** 세계의 다양한 문화를 열린 마음으로 배우고 인정하는 자세를 갖는다.
   학교: 다문화 학생만 따로 모아 행사를 진행하는 것이 아니라 다른 학생과 어울려 지낼 수 있는 프로그램을 적극적으로 추진한다.
   정부: 경제적 지원도 다문화만 따로 떼어내 지원하는 게 아니라 다른 가정과 똑같은 기준으로 대우하고 지원한다.

카네이션 대신 복숭아꽃은 어때요?

1. 어버이날에 카네이션을 선물하는 유래는 미국에서 시작됐다. 안나라는 여성이 자신의 어머니를 기리기 위해 흰 카네이션을 가슴에 달았다.
2. 복숭아꽃은 효와 무병장수를 의미한다. 조선 시대의 정조 대왕이 어머니를 위한 잔치에서 복숭아꽃 3000송이를 바쳤다고 한다.
3. **카네이션을 계속 사용해도 상관없다:** 어버이날은 부모님의 은혜에 감사하는 마음이 가장 중요하므로 그런 마음이 담겨 있다면 꽃의 종류는 큰 문제가 되지 않는다.
   가능하다면 다른 꽃으로 바꾸어야 한다: 카네이션은 외국에서 시작되었으므로 우리나라 전통에 맞는 꽃으로 바꾸는 게 바람직하다.

글쓴이 이여니
대전에서 태어나 골목대장인 오빠를 따라 사계절 산과 들로 뛰어다니며 자랐어요. 어느 날 우연히 마법처럼 동화를 알게 되면서 동화에 푹 빠져 살고 있지요. 개구쟁이 아들과 깔깔거리면서 만화책 보기를 좋아하고, 레벨 높은 카드만 보면 눈이 왕방울만해진답니다. 『아주 먼 길』로 샘터문학상을, 『아빠 사용 쿠폰』으로 황금펜아동문학상을 받았어요.

그린이 최보윤
그림을 그리려고 지구로 유학을 와서 현재 만화·일러스트 작가이자 동화작가로 활동하고 있어요. 2010년에 보건복지부 웹툰 공모전 대상과 보건복지부 장관상을, 2013년에 KB창작동화제 대상을 받았어요. 그린 책으로는 『삼신할머니』 등이 있어요.

초등 융합 사회과학 토론왕 시리즈 ⑰ 함께라서 좋아! 우리는 가족

- 이 책에 실린 일부 내용은 《과학동아》, 《어린이과학동아》에 게재된 기사를 재인용하였습니다.
- 이 책에 실린 사진은 다음과 같이 기관으로부터 게재 허가를 받았습니다. (가나다 순)
  다만 출처를 잘못 알고 실은 사진이 있는 경우 해당 저작권자와 적법한 계약을 맺을 것입니다.

  동아일보
  위키피디아